# 跨业关联度分析与融合发展

## ——以物流业与制造业为例

王荔玫 著

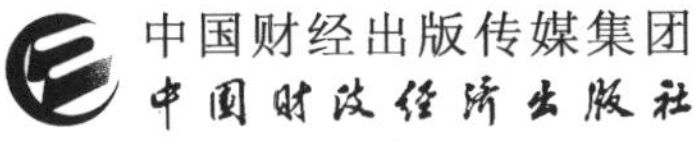

**图书在版编目（CIP）数据**

跨业关联度分析与融合发展：以物流业与制造业为例／王荔玫著．--北京：中国财政经济出版社，2022.4

ISBN 978-7-5223-1278-1

Ⅰ.①跨…　Ⅱ.①王…　Ⅲ.①物流-关系-制造工业-产业融合-研究-中国　Ⅳ.①F259.22②F426.4

中国版本图书馆CIP数据核字（2022）第049129号

责任编辑：王　芳　　　　责任校对：胡永立
封面设计：思梵星尚　　　　责任印制：党　辉

**跨业关联度分析与融合发展**
——以物流业与制造业为例
**KUAYE GUANLIANDU FENXI YU RONGHE FAZHAN**
——YI WULIUYE YU ZHIZAOYE WEILI

中国财政经济出版社 出版
**URL**：http：//www. cfeph. cn
E-mail：cfeph@ cfeph. cn

社址：北京市海淀区阜成路甲28号　邮政编码：100142
营销中心电话：010-88191522
天猫网店：中国财政经济出版社旗舰店
网址：https：//zgczjjcbs. tmall. com
北京财经印刷厂印刷　各地新华书店经销
成品尺寸：170mm×240mm　16开　10.25印张　148 000字
2022年4月第1版　2022年4月北京第1次印刷
定价：56.00元
ISBN 978-7-5223-1278-1
（图书出现印装问题，本社负责调换，电话：010-88190548）
本社质量投诉电话：010-88190744
**打击盗版举报热线：010-88191661　QQ：2242791300**

# 前　言

物流业与制造业都是推动我国经济发展的重要力量。其中，物流业是支撑国民经济发展的基础性、战略性、先导性产业，而制造业是国民经济的主体，是全社会物流总需求的来源。伴随着我国制造业的快速发展，物流业也迎来了快速发展机遇。然而，就目前来看，物流业与制造业在发展过程中都存在一些问题，其中物流业发展中的突出问题是成本较高、业态模式陈旧，而制造业发展中的突出问题是数字化、智能化、绿色化程度较浅。

现阶段，我国经济运行的主要矛盾是供给侧结构性矛盾。基于物流业与制造业发展对国民经济发展的重要促进作用，尽快完成物流业与制造业的供给侧结构性改革意义重大，刻不容缓。而推动物流业与制造业融合发展，是深化供给侧结构性改革，推动物流业与制造业高质量发展的现实需要。可喜的是，当前我国物流业与制造业融合发展趋势不断增强，并且我国很多物流业企业和制造业企业在融合发展之路上也取得了积极成效。但是，从整体来看，我国物流业与制造业融合的层次还不够高、范围不够广、程度不够深，与物流业与制造业现代化转型发展的总体要求还存在一定差距。

为客观分析我国物流业与制造业发展现状、我国物流业与制造业关联度，探究我国物流业与制造业融合发展对策，特编写本书。全书坚持以《推动物流业制造业深度融合创新发展实施方案》为指导，重点对我国物流业与制造业融合发展对策进行分析与研究，研究重点为物流业与制造业在企业主体、设施设备、业务流程、标准规范、信息资源层面的融合对策；同时具体阐述了物流业与制造业融合发展的重点领域以及政策环境保障。

融合发展是当前我国各产业发展的重要趋势，物流业与制造业推动国民经济发展的作用巨大。如何快速建立符合我国国情的物流业与制造业融合发展模式，是当前众多物流业企业与制造业企业共同面对的问题。本书对物流业与制造业融合发展关键环节进行分析与研究，旨在为我国物流业企业与制造业企业走融合发展之路提供一些有价值的建议，推动我国物流业与制造业深度融合、创新发展，推进物流业降本增效，促进制造业转型升级。

由于作者写作水平有限，因此本书在撰写过程中参考和借鉴了一些学者的相关文献和资料，作者在此向他们表示衷心的感谢！另外，由于出版时间较为仓促，书中难免存在一些纰漏，作者衷心希望广大读者能够对本书提出宝贵意见和建议，以帮助作者对本书进行完善。

王荔玫

2021 年 10 月

# 目　录

# 第一章

# 物流业与制造业发展现状

# 第一节　我国物流业发展现状

## 一、我国物流业的发展现状

《国务院关于印发物流业发展中长期规划（2014—2020年）的通知》指出，自2009年国务院印发《物流业调整和振兴规划》以来，我国物流业保持较快增长，服务能力显著提升，基础设施条件和政策环境明显改善，现代产业体系初步形成，物流业已成为国民经济的重要组成部分。

### （一）产业快速增长

近年来，物流业作为支撑国民经济发展的基础性、战略性产业，产业地位显著提升。中国物流与采购联合会在中国仓储指数发布会的数据显示：截至2020年底，中国社会物流总额累计达到300.1万亿元，同比增长3.5%，物流需求保持回升态势，市场活力进一步增强，业务收入增长加快，整体来看国内物流行业总体稳中向好；从中国社会物流总费用占GDP比重来看，2015—2019年整体呈现逐年下降趋势，到2019年中国社会物流总费用占GDP比重为14.7%，截至2020年中国社会物流总费用与GDP的比率为14.7%，与2019年基本持平。

### （二）服务水平持续提升

近年来，传统储运行业加速向现代物流业转型，物流企业进一步加快了资产重组和资源整合的步伐，这样就形成了一批所有制模式多元化、服务网络化和管理现代化的物流企业，它们除了承担传统的物流服务外，服务增值业务不断深化，服务内容也不断向上、下游拓展。与此同时，制造业物流、商贸物流、电子商务物流和国际物流等领域专业化、社会化服务能力显著增强，服务水平不断提升，现代物流服务体系初步建立。

### （三）物流装备与技术不断改善

随着电子商务的发展，信息技术在物流领域得到了广泛应用。例如

GPS和GIS系统、射频识别技术、机器人技术等的使用，实现了物流的操作自动化、机械化、无纸化和智能化①。目前，大多数物流企业建立了管理信息系统，物流信息平台建设快速推进，物联网、云计算、移动互联等现代信息技术也开始应用，在装卸搬运、分拣包装、加工配送等环节研发和推广专用物流装备，以及智能标签、跟踪追溯、路径优化等技术。与此同时，全社会物流信息资源开发利用水平、物流行业和物流企业的信息化水平均不断提高，物流信息化标准规范体系建设不断推进，物流相关信息服务业和信息技术也不断创新与发展。

**（四）基础设施网络日趋完善**

近几年，我国的交通基础设施建设取得了长足的发展，截至2019年底，我国高速公路和高速铁路里程分别突破15万千米和3.5万千米，均位居世界第一，物流基础设施的状况也在持续改善。与此同时，各物流节点的布局也在加快进行，以物流园区为支撑的产业生态圈正在形成。从总体上看，我国物流业已步入转型升级的新阶段。但是，物流业发展总体水平还不高，发展方式比较粗放，尤其是基础设施能力相对欠缺，不能满足现代物流发展的要求。现代化仓储、多式联运转运等设施仍显不足，布局合理、功能完善的物流园区体系尚未建立，高效、顺畅、便捷的综合交通运输网络尚不健全，物流基础设施之间不衔接、不配套问题比较突出。此外，在物流人才的培养方面也不能完全满足物流快速发展的需要，物流业从业人员整体素质有待进一步提升。

## 二、我国物流业的特点

我国物流行业发展的特点有以下几个方面：

（1）单一物流服务多，一体化物流服务少。大部分企业仍然在离散的物流功能上过度竞争，把精力过多地放在成本降低和价格竞争方面，提供的产品同质化严重，还不能满足物流需求社会化的需要。

① 高秀丽．物流业与区域经济协调发展研究［M］．北京：中国经济出版社，2019.

（2）一些领先的物流企业从制造业需求出发，介入企业采购、生产、销售流程，共享资源、共担风险，成为制造企业不可或缺的合作伙伴。

（3）基础物流服务商因进入门槛较低，竞争非常激烈。只有首先专注某些细分行业的物流服务，才能形成服务商的比较优势。

（4）国际物流公司进入中国市场，凭借其雄厚的资金实力和丰富的行业经验，在争夺跨国公司物流业务方面具有一定的优势。随着现代物流业的发展，中外物流公司将会互相进入对方优势领域，展开对优质客户的争夺。

（5）总体来看，我国物流市场已逐步与国际市场接轨，本土企业将面临巨大的国际物流企业的竞争压力。但本土企业可利用自身拥有的物流资源、服务网络和本土化优势，通过品牌建设、扩大服务规模和服务品质来化解面临的压力。

（6）全行业物流信息化水平还比较低，难以利用信息化手段整合物流流程，提高市场反应速度。物流技术应用在模式创新和价值链重构中的作用日益突出。

我国经济增速整体放缓、产业结构整体重构、消费结构整体升级，未来8—10年，物流业面临不可预知的外部环境的深刻变化，需要行业内部在成本、规模、产品、服务、组织、效率之间不断进行优化平衡。投资机构、金融机构、电商企业、实体企业、地产商等多类在物流业中活跃的投资主体及物流行业从业企业，都需要重新进行战略审视及策略调整，以赢得更大的发展空间。

## 第二节　我国制造业发展现状

### 一、我国制造业取得的成就

#### （一）改革开放以来发展快速，国际地位不断提高

改革开放到现在，中国制造业发展速度就是世界上发展速度最快的发

展中国家，并且取得了举世瞩目的成就。中国制造业增长率快于世界平均增长水平，使制造业进入蓬勃发展时期，水平与规模不断扩大，提升了中国国际地位与影响力。中国制造业已经参与到国际制造业分工体系中，成为世界制造业不可分割的重要一部分。

**（二）工业体系齐全、产值相对较高**

第一次工业革命的时候，尽管中国“地大物博，人口众多”，清朝政府却实行闭关锁国政策，重视农业而几乎没有任何工业，在其之后的历史里因工业力量薄弱任各国列强欺负与宰割，经历了近百年的屈辱史，直到新中国成立，才真正重视与发展制造业，进行“三大改造”，举全国之力发展制造业。经过70多年的风雨征程，中国制造已经硕果累累，工业结构由门类单一到门类多样化、由低级制造向中高端制造发展，建立了具有一定技术水平、门类齐全的相对完整的工业体系。特别是航天航空、生物制造、巨型计算机研发、海洋工程、先进铁路交通、新能源汽车等装备制造能力明显提高，产业发展出现迅速多元化局面。

从制造业的地区分布来看，1978年改革开放以后，沿海地区特别是长三角与珠三角地区，受区位优势与国家政策的大力支持，大量引进外商投资，许多国际制造业转移到我国沿海地区，电子制造业、纺织业、汽车制造业等劳动密集型产业与资源密集型产业迅速形成规模，制造业形成“阶梯式”空间分布①。进入21世纪，伴随着我国进行产业升级改造，国家在政策与资金等方面给予很大的扶持，大量的制造业向内地转移。在这一轮制造业空间分布的调整中，制造业开始多元化平衡分布，显著促进了我国制造业合理化分布与工业体系的完整。

**（三）中国制造走向世界**

从“引进来”到“走出去”，标志着中国制造不断强大并且走向世界，代表着中国企业与国际社会的深度接轨与融合。伴随着一大批制造企业开始走向世界，塑造了中国制造新形象。以中国高铁为代表，目前高铁技术已经达到甚至超越世界先进水平。中国高铁走向世界，是中国制造迈向世

---

① 李蕾．制造业升级与经济增长［M］．北京：经济管理出版社，2020.

界的重要一步。进入21世纪，伴随着中国成功加入世界贸易组织，加快与国际规则接轨的步伐，中国对外直接投资出现快速增长趋势，其增长速度远远超过外商对中国的直接投资。

## 二、我国制造业在发展中存在的问题

### （一）自主创新能力薄弱

纵观世界制造强国历史，国家之间的竞争，归根结底就是科学技术的竞争。目前，发达国家拥有全世界86%的研发费用投入、90%的科技发明专利。中国制造业的产业增加值虽然已经居世界首位，由于一直坚持“以市场换技术”的发展策略，在制造技术的发展上存在着“重引进、轻创新”的思想，许多行业只瞧到短期收益，甚至在一定程度上放弃了自主研发的努力，直接依靠外国先进技术进口，造成中国制造业的技术水平远低于世界水平，缺乏具有强大世界影响力的高新技术企业。因此，许多企业处于价值链低端，关键技术受制于人，在重要技术产品上不具备自主生产的能力，甚至出现技术附加值高的设备必须从欧美等西方发达国家进口的不利局面。我们要清醒地认识到，中国企业自主创新能力方面与发达国家还存在较大的差距，还需要继续进行深入研究以弥补自身的不足。

### （二）企业税负过重、成本增加

一个国家的税负就是指政府的全部财政收入占GDP的比重。中国的制造业企业本来就是采用“薄利多销”的盈利方式，但现行税收制度在企业层面表现出“累退”效应：企业规模越大，税负比例越低；企业规模越小，税负比例越高。使许多中小制造业企业发展举步维艰，没有多余的资金投入到研发与创新，也无余力进行再投资，发展非常缓慢，很难壮大起来①。尽管国家为了解决税负问题，已经实行营改增来优化税负结构，但效果如何，有待于实践的检验。

### （三）缺乏中国制造品牌

我国实施“引进来，走出去”战略30多年，成功打造出制造业大国，

---

① 唐晓华．我国先进制造业发展战略研究［M］．北京：经济科学出版社，2020.

但没有注重品牌形象的建立。品牌形象就是一个企业走向世界的标志，目前来看，中国制造业缺乏具有国际影响力的品牌形象。中国制造业企业只注重效益与规模，而西方发达国家更重视打造自己的品牌，然后把其品牌外包出去，通过品牌效应获利。国际知名的中国品牌目前只有海尔、格力、华为等，都是屈指可数的企业，国内许多企业实际只是国际知名品牌的“加工厂”，缺少像三星、西门子公司这样具有国际竞争力的制造业企业。据统计，在世界“500 强”的中国企业里，只有少部分企业对保护自身品牌采取了相应保护措施，但大型企业对品牌没有全面保护的比例达到了 80% 以上，情况不容乐观。中国企业所拥有的国际知名品牌较少，而且不注重品牌的保护，国际影响力非常有限。总体来说，品牌问题关系到一个企业未来的发展方向，但却没有引起我国企业的高度重视。

# 第二章

# 我国个别省份物流业与制造业关联度分析

# 第一节　河北省物流业与制造业关联度分析

## 一、灰色关联度分析

灰色系统理论由中国控制论专家邓聚龙于1981年首次提出。灰色关联度是其中的一部分，指的是一种度量两个系统之间随时间或不同对象的因素相关性的大小变化指标。在这个系统发展过程中，如果两个因素变化趋势具有一致性，则两者同步变化程度较高，即关联程度较高；相反，则同步变化程度较低，关联程度较低。

灰色关联度计算步骤：

（1）选择评价指标。根据所研究的问题选择几个合适的评价指标，搜集指标数据。

（2）确定原始数据序列。根据指标搜集原始数据，待分析的变量为因变量，组成的参考序列为：

$y(k) = \{y(1), y(2), \cdots, y(m)\}, k = 1,2,\cdots,m$

指标变量为自变量，组成的比较序列为：

$x_i(k) = \{x_i(1), x_i(2), \cdots, (m)\}, k = 1,2,\cdots,m, i = 1,2,\cdots,n$

（3）数据无量纲化处理。由于系统中选取指标的量纲化不同，需要进行处理以消除影响，通常采用初值化和均值化两种方法进行处理。本书采取初值化方法对原始数据进行处理：

$$x_i(k) = \frac{x_i(k)}{x_i(l)}, k = 1,2,\cdots,m, i = 1,2,\cdots,n$$

（4）计算关联系数。关联系数计算公式为：

$$\xi_i(k) = \frac{\min_i \min_k |y(k) - x_i(k) - x_i(k)| + \rho \max_i \max_k |y(k) - x_i(k)|}{|y(k) - x_i(k)| + \rho \max_i \max_k |y(k) - x_i(k)|}$$

其中，$\rho \in [0,1]$ 为分辨系数，一般来说，分辨系数 $\rho$ 越大，分辨率越大；$\rho$ 越小，分辨率越小，本书中 $\rho$ 取 0.5。

$\min\limits_{i}\min\limits_{k}|y(k)-x_i(k)|,\max\limits_{i}\max\limits_{k}|y(k)-x_i(k)|$

上述公式是两级最小差值和两级最大差值。

（5）计算灰色关联度。上述公式定义的关联系数是描述参考数列与比较数列在某一时刻的关联程度，由于各个时刻都有一个关联系数，信息过多且过于分散，不易于比较，因此定义下列公式为数列 $x_i$ 对数列 $y$ 的关联度：

$$r_i = \frac{1}{n}\sum_{k=1}^{m}\xi_i(k), k = 1,2,\cdots,m$$

## 二、模型构建及分析

物流业与制造业的联动发展关系复杂，不是单纯的正比例增长关系，两者之间既相辅相成，共同促进，又存在一些其他因素的影响。因此本书研究分析时，只选用其中几个具有代表性的指标，可能存在一定偏差，不能代表全部。

根据灰色关联度原理及河北省市场状况，选取如表 2－1 所示的几个指标。其中，货运量为物流业发展状况水平指标，规模以上工业企业增加值、地区生产总值、制造业全社会固定资产投资为制造业发展状况水平指标。首先选取 2007—2018 年 12 年的数据，确定原始数据序列，构建综合评价指标体系，数据来源于统计局与和讯网。

**表 2－1　　原始数据表**

| 年份 | 货运量（万吨） | 规模以上工业企业增加值（亿元） | 地区生产总值（亿元） | 制造业全社会固定资产投资（万元） |
| --- | --- | --- | --- | --- |
| 2007 | 104188 | 6558.24 | 13607.32 | 22895272 |
| 2008 | 111383 | 7967.62 | 16011.97 | 32429597 |
| 2009 | 136804 | 7983.86 | 17235.48 | 42193531 |
| 2010 | 177308 | 9554.03 | 20394.26 | 45132529 |

续表

| 年份 | 货运量（万吨） | 规模以上工业企业增加值（亿元） | 地区生产总值（亿元） | 制造业全社会固定资产投资（万元） |
|---|---|---|---|---|
| 2011 | 212330 | 11770.38 | 24515.76 | 61122829 |
| 2012 | 242886 | 12511.60 | 26575.01 | 80041930 |
| 2013 | 277840 | 13194.76 | 28442.95 | 95656294 |
| 2014 | 238749 | 13330.66 | 29421.15 | 114201621 |
| 2015 | 199192 | 12626.17 | 29806.11 | 125787501 |
| 2016 | 210994 | 13387.46 | 32070.45 | 134488851 |
| 2017 | 229211 | 13757.84 | 34016.32 | 138712988 |
| 2018 | 249610 | 14473.25 | 36010.27 | 150087453 |

接下来根据原始数据，利用灰色系统理论，分别对河北省 2007—2010 年、2011—2014 年、2015—2018 年数据进行无量纲化处理，采用初值化方法（见表 2 -2）。

**表 2 -2　　数据处理结果**

| 年份 | 货运量 | 规模以上工业企业增加值 | 地区生产总值 | 制造业全社会固定资产投资 |
|---|---|---|---|---|
| 2007 | 1 | 1 | 1 | 1 |
| 2008 | 1.069058 | 1.215458 | 1.176717 | 1.416432 |
| 2009 | 1.313049 | 1.217936 | 1.266633 | 1.842893 |
| 2010 | 1.701811 | 1.457465 | 1.19877 | 1.971260 |
| 2011 | 1 | 1 | 1 | 1 |
| 2012 | 1.143911 | 1.062973 | 1.083997 | 1.309526 |
| 2013 | 1.308528 | 1.121014 | 1.160190 | 1.564985 |
| 2014 | 1.124423 | 1.132560 | 1.200091 | 1.868396 |
| 2015 | 1 | 1 | 1 | 1 |
| 2016 | 1.059250 | 1.060295 | 1.075969 | 1.069175 |
| 2017 | 1.150703 | 1.089629 | 1.141253 | 1.102757 |
| 2018 | 1.253115 | 1.146290 | 1.208151 | 1.193183 |

根据灰色系统理论，运用上述公式，计算出分辨率为 0.5 前提下 2007—2017 年河北省的货运量与三个影响因素规模以上工业企业增加值、

地区生产总值、制造业全社会固定资产投资之间的关联度（见表2－3）以及三个阶段的关联度（见表2－4）。

**表2－3　2007—2017年河北省货运量与影响因素的灰色关联度**

| 年份 | 规模以上工业企业增加值 | 地区生产总值 | 制造业全社会固定资产投资 |
|---|---|---|---|
| 2007 | 1 | 1 | 1 |
| 2008 | 0.644073670 | 0.711044094 | 0.432669348 |
| 2009 | 0.735820775 | 0.850912823 | 0.333333333 |
| 2010 | 0.520200808 | 0.566118645 | 0.495763985 |
| 2011 | 1 | 1 | 1 |
| 2012 | 0.821299683 | 0.861278174 | 0.691937244 |
| 2013 | 0.664854346 | 0.714912879 | 0.591917448 |
| 2014 | 0.978593621 | 0.8309669 | 0.333333333 |
| 2015 | 1 | 1 | 1 |
| 2016 | 0.980823438 | 0.761609841 | 0.843304909 |
| 2017 | 0.46654181 | 0.849678143 | 0.526966282 |
| 2018 | 0.333333333 | 0.542937017 | 0.471238637 |

**表2－4　河北货运量与影响因素3个阶段的灰色关联度**

| 年份 | 规模以上工业企业增加值 | 地区生产总值 | 制造业全社会固定资产投资 |
|---|---|---|---|
| 2007—2010年灰色关联度 | 0.725023813 | 0.78201889 | 0.565441666 |
| 2011—2014年灰色关联度 | 0.866186912 | 0.851789488 | 0.654297006 |
| 2015—2018年灰色关联度 | 0.815788416 | 0.870429319 | 0.790090397 |
| 平均灰色关联度 | 0.802333047 | 0.834745899 | 0.669943023 |

根据构建的灰色系统模型可以看出，2007—2018年平均灰色关联度系数较大，说明河北省的物流业与制造业存在较为良好的联动关系，但同时存在一些问题。

从规模以上工业企业增加值与货运量的关联度看，12 年间三段关联度先增加然后降低。目前河北省产业结构正在调整，从重工业逐渐过渡，高新技术产业成为优势产业，运载量降低，因此减少了与货运量的联动性。从地区生产总值、制造业全社会固定资产投资与货运量的关联度看，12 年间三段关联度逐渐增加，说明河北省货运量与 GDP、制造业出现协同促进关系。

从上面的分析与表 2－4 可知，地区生产总值与货运量联动关系最强，规模以上工业企业增加值与制造业全社会固定资产投资联动关系较弱，说明近些年来两者发展不够协调，联动性有所欠缺。此外，制造业全社会投资与货运量联动关系较弱，因而，改进投资措施与方向、充分利用投资额也是当前河北省制造业与物流业联动发展应该考虑的问题。

## 三、加强河北省物流业与制造业关联度的建议

在京津冀一体化协调发展的背景下，河北省经济正处于高速增长状态，物流业与制造业总额也同样大幅增长，但仍然存在一些问题与制约因素。本书根据定性与定量的分析研究给出以下几个方面的建议，有助于进一步确定发展方向与决策需要。

### （一）信息公开共享可视化

在互联网成为时代主流的条件背景下，信息化对于制造业与物流业的联动是前提条件。如果没有信息的支撑，两者之间的资源难以共享，信息难以传达，这两个产业难以实现协调快速发展。让信息可视化，推动两个产业间的合作共享，加快建设平台机制，对两个产业联动发展具有重要的方法论意义。

### （二）借鉴经验，并结合地区经济特色促进发展

我国尤其是河北省，物流业与制造业发展较晚，虽然有大量的人力、物力支持，但技术创新不足，整体模式方面不够完善，没有足够的实践经验。应该多借鉴经验，实现整体经济和谐发展，但也不能盲目求发展，硬搬别人的政策。例如，河北省是钢铁大省，可以依托这一优势发展优势制

造业，与物流业密切结合，完成钢铁物流的转型，形成双赢的局面。

**（三）构建完整的物流业与制造业运行系统**

应进一步深入物流业与制造业环境的优化，从而构建完善的运行系统，促进物流业和制造业的协调发展。这一般可以从三个方面入手：第一，从政府角度来讲，应加快河北省政策法规的落实与实施，积极协调有关部门，创造一个公平有序规范的市场环境，构建良好的市场机制。第二，从企业角度来讲，制造业要改变对物流外包的认识，深入了解其思想，选择正确的物流模式，主动与物流业合作。物流业要借助政府与社会的扶持帮助，整合物流资源，改善服务，满足制造业外包的需求①。两者合作经营，可推进企业流程再造。第三，从技术角度来讲，应结合制造业自身特点建立关于物流业的管理信息系统，引进其他国家或者省份先进技术，充分使用传感器、条形码、GPS 等物联网技术，以及无人机、自动分拣系统等先进设备实现智能物流，达到降本增效的目的。

## 第二节　河南省物流业与制造业关联度分析

### 一、模型构建及分析

我们选取 2012—2018 年《河南统计年鉴》中的货运量（万吨）作为参考序列 $y_0$，用同期河南省地区生产总值（亿元）、规模以上工业增加值指数（%）、制造业从业人数（万人）、工业固定资产投资（亿元）、社会消费品零售总额、规模以上工业企业个数等指标作为比较序列，具体数据如表 2－5 所示。

灰色关联分析步骤如下：

---

① 李松庆．制造业与物流业的联动发展研究［M］．北京：经济科学出版社，2018.

第一，确定分析的序列矩阵。用 $y_0$ 表示参考序列，用 $x_1, x_2, \cdots, x_n$ 表示比较序列，构成矩阵：$(y_0, x_1, x_2, \cdots, x_n)$

第二，对变量序列无量纲化处理后形成矩阵 $(y_0, x_1, x_2, \cdots, x_n)$。计算公式为：

$$X_i(k) = \frac{x_i(k)}{xl(k)}, \ i = 1, 2, \cdots, n \qquad k = 1, 2, \cdots, m$$

第三，根据计算公式：$\Delta_{0i}(k) = | y_0(k) - x_i(k) | \ (i = 1, \cdots, n)$ 获得参考序列与比较序列之间的绝对差，以形成绝对差矩阵：$(\Delta_{01}, \Delta_{02}, \cdots, \Delta_{0n})$。同时在矩阵中找到最值，用 $\Delta_{max}$ 与 $\Delta_{min}$ 表示。

第四，计算关联系数。计算公式为：

$$\xi_{0i}(k) = \frac{\Delta_{min} + \rho\Delta_{max}}{\Delta_{0i}(k) + \rho\Delta_{max}}$$

其中，$\rho$ 为分辨系数，取 0.5，构成关联矩阵：$\{\xi_0 1, \xi_0 2, \cdots, \xi_0 n\}$

第五，计算各序列与参考序列的关联度。计算公式为：

$$y_{0i}(k) = \frac{1}{m}\sum_{k=1}^{m} \xi_{0i}(k)$$

**表 2-5　　2012—2018 年河南省物流业与制造业相关数据**

| 年份 | 货运量（万吨） | 地区生产总值（亿元） | 规模以上工业增加值指数（%） | 制造业从业人数（万人） | 工业固定资产投资（亿元） | 社会消费品零售总额 | 规模以上工业企业个数（个） | 规模以上工业企业 R&D 产值（万元） |
|---|---|---|---|---|---|---|---|---|
| 2012 | 163427 | 29681.79 | 114.6 | 1155.66 | 11024.18 | 10915.62 | 19245 | 27881389 |
| 2013 | 184669 | 32278.04 | 111.8 | 1222.81 | 13132.81 | 12426.61 | 20583 | 49481044 |
| 2014 | 200626 | 35026.99 | 111.2 | 1211.15 | 15378.16 | 14004.96 | 21756 | 54234834 |
| 2015 | 192715 | 37084.2 | 108.6 | 1256.3 | 17023.35 | 15740.43 | 22892 | 58666020 |
| 2016 | 205385 | 40249.23 | 108 | 1274.75 | 18536.63 | 17618.35 | 23679 | 64460891 |
| 2017 | 229458 | 44552.83 | 108 | 1286.7 | 19185.41 | 19666.77 | 22031 | 71060993 |
| 2018 | 259461 | 48055.86 | 107.2 | 1229.92 | 19569.12 | 20594.74 | 21021 | 74973866 |

利用灰色关联理论，计算出河南省2012—2018年货运量与不同因素之间的灰色关联系数，如表2-6所示，以及两个行业不同指标的灰色关联度，如表2-7所示。

**表2-6　2012—2018年货运量与其影响因素的灰色关联系数**

| 年份 | $X_1$ | $X_2$ | $X_3$ | $X_4$ | $X_5$ | $X_6$ | $X_7$ |
|---|---|---|---|---|---|---|---|
| 2012 | 0.913411 | 0.758187 | 0.738005 | 0.842873 | 0.757281 | 0.77398 | 0.99137 |
| 2013 | 0.39503 | 0.582649 | 0.840085 | 0.778466 | 0.91149 | 0.543914 | 0.356054 |
| 2014 | 0.537171 | 0.644682 | 1 | 0.678058 | 0.848153 | 0.685783 | 0.37412 |
| 2015 | 0.578013 | 0.638854 | 0.844119 | 0.604247 | 0.539814 | 0.733647 | 0.730487 |
| 2016 | 0.601644 | 0.583352 | 0.634222 | 0.760193 | 0.597527 | 0.571947 | 0.837424 |
| 2017 | 0.635664 | 0.763233 | 0.86074 | 0.575488 | 0.63388 | 0.623924 | 0.354335 |
| 2018 | 0.340662 | 0.828902 | 0.852264 | 0.659538 | 0.566447 | 0.570706 | 0.793716 |

**表2-7　物流业与制造业不同指标的灰色关联度**

| | $X_1$ | $X_2$ | $X_3$ | $X_4$ | $X_5$ | $X_6$ | $X_7$ |
|---|---|---|---|---|---|---|---|
| 关联度 | 0.825015 | 0.62967 | 0.681138 | 0.667026 | 0.655187 | 0.635323 | 0.658891 |
| 排序 | 1 | 7 | 2 | 3 | 5 | 6 | 4 |

由河南省2012—2018年物流业和制造业相关指标的灰色相关分析结果显示，河南全省生产总值的相关系数大于0.8，相关程度极强。另外，其他指标关联度均在（0.6，0.8），关联度较强。其中，地区生产总值影响最大，其次是制造业从业人数、工业固定资产投资、规模以上工业企业R&D产值。由分析结果可以看出，近年来河南省经济发展有效促进了物流业的发展，制造业和物流业之间的关联度比较强，河南省物流业和制造业的发展基本协调。虽然近年来两个行业的联动强化了，但是联动水平仍有提高的余地。

## 二、河南省物流业与制造业联动发展存在的问题

### （一）需求的两极化差异对两个行业的联动提出新要求

多样化的市场形势和客户需求促进了定制化的发展，同时制造业也面

临着变革和更新的障碍。长期以来，制造业公司更喜欢外包物流，改善与物流企业的合作，以最大程度地降低成本并应对风险，专注于增强能力和改进关键技术。

受到经济下行、国际贸易冲突等因素影响，生产订单大幅波动。小型生产企业拒绝了订单少的物流合同和业务，即使选择物流外包也只是运输、仓储和简单加工等，导致物流需求持续下降①。不同制造业企业的物流需求呈现两极化差异，这种两极化也对物流业的降本增效提出更高的要求，而制造业也需要通过提高制造水平和物流服务水平打开市场，提高客户忠诚度。

**（二）信息沟通不畅，平台化发展难以有效对接**

制造业企业之间信息共享延迟，无法与供应链合作伙伴有效沟通，导致生产进展不顺等一系列问题，影响了制造业的物流系统。受到经济环境的影响，物流业和制造业的供给模式也由原来的独立、分散型供给，转变成为平台整合型服务供给的方式。但是现有制造业企业平台支撑力比较弱，难以与物流企业实现快速对接。同时，许多制造业企业受制于传统的企业基因及多方面思想桎梏，对平台建设不信任，对平台建设的复杂性认识不足。相比之下，现有物流企业的平台技术发展相对成熟，这导致两者融合过程中出现不匹配、不衔接的情况。

**（三）智能化联动水平不高**

河南省制造业企业以加工组装等劳动密集型产业为主，代表企业有富士康等。随着制造业劳动力成本的不断攀升，河南省的用工成本相对优势减弱，这意味着制造业企业必须在提高劳动生产率、优化供应链等方面提高效率，降低成本。

制造业企业智能化转型需求迫切，但目前在汇聚整合创业创新资源、带动产品及技术创新、组织管理的优化、新型经营机制创新等方面的潜力远没有发挥出来。同时，物流部门应用所有新技术的趋同和创新程度不断

---

① 弓宪文．物流业与制造业的产业融合及协调发展［M］．北京：光明日报出版社，2021.

提高，然而制造业和物流业联动的长期智慧发展战略尚未制定，而且总体数字化水平很低，这导致大数据和人工智能等技术优势很难在联动发展中被有效利用。

## 三、加强河南省物流业与制造业联动发展的建议

### （一）转变运营方式，适应消费需求

作为制造业与消费者之间的中间环节，物流业必须适应定制化发展趋势，注重将服务扩展到行业制造端的价值以及行业供应链的物流服务需求中来。

制造业企业需要重视物流在企业活动中的地位，明确智能物流实施的目标。对应的物流咨询规划应该与企业的整体规划同时进行，在考虑重塑或优化现有物流状态的同时，充分分析企业的市场战略规划，并考虑后续生产活动可能出现的变化，使整个物流方案与企业发展方向保持一致。

### （二）重塑价值定位，促进信息协同

制造业企业供应链与商业物流、物流企业最大的不同，就是制造业企业有制造、有生产计划、有物料计划和要求，这些计划需要同步实施。虽然制造业企业也强调效率，但是更强调保证效率的制造全过程的有效协同和管理。所以，制造业企业与物流企业需要重新梳理基于满足制造业的价值型供应链逻辑，确定在物流服务供需匹配角色上的价值定位和已有合作产生的效果。

以交付为中心的制造业为例，需要建立“推拉”结合系统。拉动层面，从订单到交付，拉动制造计划和实际装配，拉动物料齐全，拉动供应商到货；推动层面，从预测、市场投放引导开始，数据分析后由主生产计划分解为物料需求计划和采购计划，根据库存策略和采购策略，形成采购订单，从而推动供应商的采购生产和交付。两者需要实施协同、全过程通畅，从两个维度切入供应链和交付能力的管理，实现物流信息化。

### （三）战略和技术应用，推动智能联动

物流业和制造业的智能联动不仅仅是大企业的事情，更是中小企业发

展的应有之义。在战略层面，领先的企业通过集成数据信息、物流、基建、生产设施、物流设施、产品等进行顶层设计①。在具体对接过程中，需要与智能物流设施、智能制造设施对接，与供应商对接，此时需要运用智能算法、5G 技术和 AI（人工智能）技术、智能物联网技术、云计算技术甚至区块链技术，拓宽智能化联动发展空间。

在制造和质量管理阶段，制造业公司可以使用传感器获取数据，改进生产工艺和基于数据的质量检查，利用数据优化生产规划和做法，对不断变化的订单和故障做出灵活反应，提高生产效率。

在决策层面，制造业企业的智能化变革将提高决策效率，企业决策的智能化改造需要不同层级数字化的配合。利用数据同步系统、生产及物流拉动系统、供应链可视化系统 SRM 和车间物流配送系统 SPS 等实现由物料来控制系统，所有信息互联互通。在此基础上，智能决策系统可以帮助企业分析计划偏差原因，提高管理的精细化水平。

## 第三节　湖南省物流业与制造业关联度分析

### 一、模型构建及分析

由于制造业与物流业联动的关系较复杂，存在很多影响因素，基于科学性、数据可获取性、可操作性等原则，本书选取几个有代表性的指标进行分析。

基于以上原则以及湖南省基本情况选取如表 2－8 所示的指标。货运量作为湖南省物流业发展状况水平指标，工业增加值、第二产业从业人数、地

① 张艳．中国制造业与物流业联动关系区域差异研究［M］．北京：中国经济出版社，2017.

区生产总值作为制造业发展状况水平指标。选取2009—2018年的数据，确定原始数据序列，构建综合评价指标体系，数据来源于湖南省统计年鉴。

**表2－8　　　　原始数据**

| 年份 | 货运量（万吨） | 工业增加值（亿元） | 第二产业从业人数（万人） | 地区生产总值（亿元） |
|---|---|---|---|---|
| 2009 | 128582 | 4888.37 | 896.57 | 13043.86 |
| 2010 | 149168 | 6392.17 | 915.43 | 15978 |
| 2011 | 168152 | 8237.32 | 932.62 | 19558.3 |
| 2012 | 190712 | 9285.11 | 948.78 | 22005.21 |
| 2013 | 210659 | 10177.10 | 964.54 | 24437.54 |
| 2014 | 202800 | 10955.87 | 957.77 | 26807.93 |
| 2015 | 214130 | 11178.67. | 935.84 | 28589.04 |
| 2016 | 207364 | 11337.28 | 912.16 | 30888.57 |
| 2017 | 226522 | 11879.94 | 871.17 | 33902.96 |
| 2018 | 231110 | 11916.38 | 836.44 | 36425.78 |

然后对数据进行处理（见表2－9），根据灰色关联度理论，计算出系统中的绝对值差（见表2－10），再取分辨系数为0.5，计算出货运量与工业增加值、第二产业从业人数、地区生产总值之间的关联度与平均关联度，如表2－11所示。

**表2－9　　　　数据处理结果**

| 年份 | 货运量（万吨） | 工业增加值 | 第二产业从业人数 | 地区生产总值 |
|---|---|---|---|---|
| 2009 | 0.6662 | 0.5429 | 1.0691 | 0.5577 |
| 2010 | 0.8357 | 0.7099 | 1.0576 | 0.7201 |
| 2011 | 0.8936 | 0.7964 | 1.071 | 0.8363 |
| 2012 | 1.0674 | 1.0013 | 1.0713 | 0.9268 |
| 2013 | 1.0948 | 1.1303 | 10891 | 1.0449 |
| 2014 | 1.1605 | 1.186 | 1.0543 | 1.1022 |
| 2015 | 1.1424 | 1.1752 | 1.0771 | 1.2087 |
| 2016 | 1.1063 | 1.273 | 1.0847 | 1.3442 |
| 2017 | 1.2461 | 1.2459 | 1.0335 | 1.3509 |
| 2018 | 1.2592 | 1.3235 | 0.9207 | 1.5473 |

表 2－10　　绝对值差计算表

| 年份 | 工业增加值 | 第二产业从业人数 | 地区生产总值 |
|---|---|---|---|
| 2009 | 0.1191 | 0.4071 | 0.1043 |
| 2010 | 0.1285 | 0.2219 | 0.1156 |
| 2011 | 0.0972 | 0.1714 | 0.0573 |
| 2012 | 0.0661 | 0.0039 | 0.1406 |
| 2013 | 0.0355 | 0.0057 | 0.0499 |
| 2014 | 0.0255 | 0.1062 | 0.0583 |
| 2015 | 0.0328 | 0.0653 | 0.0663 |
| 2016 | 0.1667 | 0.0216 | 0.2379 |
| 2017 | 0.0002 | 0.2126 | 0.1048 |
| 2018 | 0.0643 | 0.3385 | 0.2881 |

表 2－11　　湖南省货运量与影响因素的灰色关联度

| 年份 | 工业增加值 | 第二产业从业人数 | 地区生产总值 |
|---|---|---|---|
| 2009 | 0.5061 | 0.3337 | 0.6618 |
| 2010 | 0.9148 | 0.4789 | 0.6384 |
| 2011 | 0.6775 | 0.5348 | 0.7811 |
| 2012 | 0.7556 | 0.9822 | 0.592 |
| 2013 | 0.8524 | 0.9737 | 0.8039 |
| 2014 | 0.8895 | 0.6578 | 0.7781 |
| 2015 | 0.8621 | 0.7579 | 0.755 |
| 2016 | 0.5503 | 0.9050 | 0.4615 |
| 2017 | 1 | 0.4896 | 0.6608 |
| 2018 | 0.7607 | 0.3759 | 0.4144 |
| 平均关联度 | 0.7769 | 0.64895 | 0.6547 |

通过对灰色关联度矩阵的分析发现，以上指标平均关联度系数都较大，都超过了0.6，但没有超过0.8，这说明湖南省制造业与物流业的联动程度处在中等水平，但同时联动也存在一些问题。

就货运量与工业增加值的关联度来看，两者关联是最高的，达到了0.7769，制造业的经济水平、创造能力能从工业增加值上体现，也就是说对物流业的影响较大的是制造业的总体体量，而代表制造业发展规模的第二产业从业人员数对物流业影响相对较小，这说明制造业的经营方式可能受传统观念影响而过于粗放，虽然企业在物流方面投入了大量的人力、物力，但没有得到很好的效益。地区生产总值与货运量的关联度最小，说明地区的经济总体虽然有较大发展，但可能在物流方面的投入还不够。

## 二、加强湖南省物流业与制造业联动发展的建议

### （一）制造业企业加快进行流程重造与物流外包

首先，制造业必须摒弃落后的物流观念，实现物流需求的社会化，从可持续发展的角度促进物流外包的发展。通过外包物流节约财力，排除非基本需求，优化自身的物流供应体系。物流业务外包的重要性要被制造业充分认识，同时须加强现代物流业管理，提高制造业企业的核心竞争力，快速落实流程重造这一工作，从而提高企业的利润。

### （二）物流企业增强服务能力

随着制造业的不断进步，制造业企业对第三方物流的要求在逐步提高，物流服务也因此变得越发复杂。而物流企业要做的就是更精准地掌握制造业的服务需求，同时有针对性地发展本身物流服务能力，让自己在市场上有较强的竞争优势①。具体而言，物流企业要想有强大的物流服务能力来支持自己为客户提供方案，就要对客户进行深层次了解，同时不断改进目前的服务模式，在软实力和硬实力方面都要做到跟上制造业的需求。

### （三）建立物流业与制造业联动发展行业协会

在物流业与制造业的联动过程中行业协会的地位不言而喻。行业协会能够深入到企业内部，找到物流业与制造业联动发展的具体问题，并提出有效的解决方案，同时，行业协会还能为政府制定物流业与制造业联动相

---

① 张喜才．物流产业链管理［M］．北京：中国商业出版社，2018.

关政策提供强有力的参考。

**（四）政府大力引导物流业与制造业联动**

在物流业与制造业的联动道路上政府应该起到带头作用，要发挥政府投资的带动作用，引导更多的企业向联动方向去探索。同时，政府要在政策方面有所行动，出台相关政策推进物流业与制造业的联动。运用政策红利来鼓励并吸引更多的企业联动发展。

# 第三章

# 物流业与制造业融合发展意义

# 第一节　推动经济高质量发展的现实需要

## 一、信息共享是物流业与制造业融合发展的环境基础，将创造发展新价值

信息共享是物流业与制造业（以下简称“两业”）融合发展的核心基础和关键环节，有利于从内在价值挖掘层面打破信息不对称引起的产业链、供应链构建壁垒，为“两业”要素资源整合和发展数字经济营造信息环境。第一，信息共享将为制造业、物流业在供需有机衔接层面提供战略、规划和运作决策支持，在产业链、供应链对接基础上提高“两业”运作效率，降低成本及提高质量。第二，信息共享将加快“两业”闭环的信用体系建设，既改变我国制造业与物流业之间供应链各环节信息共享不深入不全面，相互信任度较低，又有利于产业链、供应链各个环节对接，改变制造业企业核心业务信息共享难，物流外包业务常常局限于储运环节的浅层次供应链建设问题。第三，“两业”在供应链上的采购、生产、销售等各个环节的信息共享，还有利于生产与消费循环系统的建设，彻底解决产业链、供应链合作不全面不深入，无法对制造业企业各环节物流业务进行系统优化的问题。《推动物流业制造业深度融合创新发展实施方案》的出台，不是简单的“两业”业务层面的对接，而是产业链、供应链流程与模式再造，对促进工业互联网基础上的物流大融合，对应用工业互联网平台、物联网、云计算等技术，实现采购、生产、流通等经济循环信息实时采集、互联共享，对推动提高生产制造和物流一体化运作水平，均将产生积极和创造性的影响，将创造“两业”各自及整体的新价值。

## 二、标准衔接是“两业”融合发展的运营基础，将提高整体的效率

产业链、供应链衔接标准的规范一致，是打破“两业”界线，实现融合发展的运营基础。第一，“两业”标准规范一致，制造业和物流业各个运营环节才能顺畅衔接，有效降低不必要的人力物力等要素资源的重复投入和浪费，提高要素的利用效率，降低“两业”各自及总和的运营成本①。第二，“两业”标准规范一致是适应制造业服务化、智能化、绿色化发展趋势，加快物流新型业态模式发育的内在要求。第三，物流服务标准化体系的加快建设，将在已经制订了的一些重要的国家标准，如《商品条码》《储运单元条码》《物流单元条码》等的基础上，向制造业、流通业两端延伸，为产业链、供应链高效衔接奠定标准基础。《推动物流业制造业深度融合创新发展实施方案》提出，促进标准规范的融合衔接，加强国家标准、行业标准和地方标准的衔接，鼓励制造业企业和物流业企业在包装模数上取得一致，将提高制造业物流业的整体效率。

## 三、设施协同是“两业”融合发展的运作载体，将提升“两业”的效益

在“两业”信息共享和标准衔接的基础上，加快设施、设备协同，必将为“两业”融合发展提供产业链、供应链一体化运作的载体，产生基于价值创新和效率提升的新效益。一是物流设施、设备围绕服务制造业进行协同布局，在满足制造业原材料、零部件、半成品、产成品快速供应的同时，必然产生基于专业装卸、运输、周转的规模经济效益。二是有效解决物流设施与制造业布局衔接不畅的问题，对于优化物流自身布局，充分发

① 弓宪文．物流业与制造业的产业融合及协调发展［M］．北京：光明日报出版社，2021.

挥在物流网络中居于要素聚集和整合顶端位置的物流枢纽的功能和作用，实现干线、支线、配送的无缝衔接，将有效提升物流业发展效益。三是“两业”基于物流设施载体的有机衔接，必将最大限度提升装卸、运输等载运设备的利用效益，并提高标准化、专业化程度。《推动物流业制造业深度融合创新发展实施方案》提出，促进设施设备融合联动，在国土规划、物流枢纽布局、设备对接等提出进一步完善的要求，必将有利于提高物流业对制造业的经济效益，并为“两业”融合的深度和韧性提供效益保障。

## 四、市场主体是“两业”融合联动的动力所在，将激发高质量活力

“两业”联动是市场行为，是市场运行主体追求价值实现和产业链、供应链创新的经营活动，具有由市场决定的资源配置能力和动力，必将为“两业”高质量发展带来活力。首先，“两业”联动发展是企业追求价值和提高效率、效益基础上的深度融合和创新发展，具有创新的可持续性和不断提高效益的内生性动力①。其次，“两业”市场主体的联动，将有效解决物流企业小、散、弱的问题，培育符合市场配置资源要求的高质量物流龙头，整合过于分散的经营资源，激发物流市场活力。最后，物流企业活力增强后，有利于制造业企业业务充分外包，提高制造业供应链能力，降低物流成本，增强抗风险能力。《推动物流业制造业深度融合创新发展实施方案》提出“支持物流企业与制造企业通过市场化方式创新供应链协同共建模式，建立互利共赢的长期战略合作关系”，抓住了产业链与供应链稳定、协同的关键所在。

---

① 梁红艳. 中国物流业发展动力机制与路径选择［M］. 北京：社会科学文献出版社，2018.

## 五、流程贯通是“两业”融合联动的发展支点，将促进大循环格局

“两业”融合不是简单的业务合作关系，而是基于现代信息技术和供应链技术的“两业”业务流程融会贯通，是实现“两业”联动发展的支点，将形成从生产到终端消费的产业运行大循环。一是提升制造业与物流业供应链协同能力，促进“两业”资源整合、流程对接、组织协同，奠定大循环的“两业”链接环境。二是优化设计从生产、采购、销售到配送整个供应链流程，加快流程再造，实现产业链、供应链各环节一体化运作，为“两业”联动提供微观循环落脚点。三是制造业产生第三方物流服务需求，将产生规模经济发展路径和集成化管理模式创新，形成专业供应链服务循环。《推动物流业制造业深度融合创新发展实施方案》提出促进业务流程融合协同，有利于促进我国物流企业向供应链一体化服务方向转变，推动制造企业聚焦其核心创新能力，提升“两业”产业链、供应链融合效率，加快形成国内大循环，并在扩大开放下形成国内国际双循环。

# 第二节 深入推动物流降本增效的必然选择

## 一、物流降本增效的意义

在一个经济体中，物流业是其基础性、战略性产业，是促进供给与消费相匹配、相协调的核心环节。因此，物流成本是整个社会交易成本的一个重要部分，物流成本的高低在很大程度上影响着社会成本的高低。应当说，过去几年，我国的社会物流成本总体是逐年下降的，而且新技术、新业态不断引入。相对来说，我国物流成本相比其他国家仍然较高。这不仅

加大了生产者成本，而且加大了消费者成本；更重要的是使得需求引导生产的作用被弱化，企业把握市场变化的能力受到影响。因此，推动物流降本增效，不仅是供给侧结构性改革“降成本”的重点所在，更是我国经济转型升级的重点所在。降本增效可以改善物流业发展的环境，提升物流业发展水平，亦可以此促进实体经济的发展。物流业目前的现状是大而杂乱和大而不强，除了费用成本高企，还有制度成本畸高。在这种现状下，政策面推动物流业的降本增效，可谓整个行业的及时雨。

推进物流降本增效是深化供给侧结构性改革的主要内容，也是促进实体经济健康发展的重要抓手。国家层面从不同领域安排了物流降本增效的具体举措。但是，关于物流成本的核心问题以及降本增效的主要方向也有着不同的认识。核心争议在于“社会物流总费用与 GDP 的比值”是否可用于衡量物流成本高低，更甚至于通过“我国社会物流总费用与 GDP 的比值是发达国家的 2 倍”，从而得到“我国物流成本是发达国家的 2 倍”这样的结论①。绝大多数研究认为我国社会物流成本水平远远高于发达国家。这一观点成为众多政策制定的出发点。但是，也有一些研究者提出了“中国的单位物流成本远低于发达国家”“将物流成本与 GDP 进行比较存在误导性”等不同的观点。准确认识并科学对待物流成本核心问题成为影响我国未来物流发展政策导向和具体措施的重大问题，有助于深化对于物流成本的认识、精准推进物流降本增效。

## 二、推动物流降本增效取得实效的案例

### （一）天津港

推动物流业和制造业的深度融合创新发展，是进一步提高物流发展质量效率、深入推动物流降本增效的必然选择。近年来，天津港不断推动港口智慧化转型，实现了港口物流的高质量发展。2020 年，天津港集装箱吞吐量达 1835 万标准箱，排名世界第八，如今正在利用 5G、北斗卫星导航

① 刘明．区域物流协调发展研究［M］．北京：中国社会科学出版社，2021.

等先进技术，加快建设世界一流绿色智慧枢纽港口。2021年6月，“中国重汽、天津港无人驾驶电动集卡规模化应用服务制造业降本增效创新案例”入选国家发展和改革委员会发布的“物流业制造业深度融合创新发展典型案例”公示名单，天津港成为这次“两业融合”案例中唯一入围的港口集团。

如何更好服务制造业、助力物流业积极向好发展，是中储发展股份有限公司一直在思考和探索的。近年来，中储发展股份有限公司新港分公司充分发挥天津港口大宗商品集结地的区位和货源优势，不断提高天津港口“互联网+港航+供应链”的综合服务能力，为上下游制造业企业提供优质、创新、具有港口物流特征的供应链一体化服务，真正实现“两业”融合创新发展①。

**（二）徐州市**

物流业作为生产通往消费的重要桥梁和纽带，是国民经济的重要组成。中国物流与采购联合会2019年发布的数据显示，我国工业品物流总额占比超过了9成，这对于制造业大市、交通枢纽城市徐州来说，是机遇，也是挑战。2019年9月，江苏、浙江、河南、山西、四川、重庆6省（市）被列入全国物流降本增效综合改革试点省份。徐州市与南京市被确定为江苏省试点城市，以“智慧物流”为主题开展降本增效综合改革试点，在全国进行先行先试，积累经验。试点以来，徐州不断推动物流业与制造业深度融合创新发展，加快物流基础设施数字化建设，加大智慧物流主体培育力度，2020年，物流业总费用占GDP比重达14.6%，较上年下降0.4个百分点。

近年来，徐州积极聚焦产业转型升级要求，树立“大产业”理念，不断推进物流业与制造业深度融合发展，持续增强物流业与制造业的黏性；通过“试点示范、培大育强、集群集聚”，推动工程机械制造企业向供应链管理、智慧物流、电子商务和后市场服务领域延伸。

① 尉迟群丽，王能民，何正文．再制造集成物流网络优化［M］．北京：清华大学出版社，2020.

2020 年 8 月，徐州集团工程机械有限公司获评国家首批“两业融合”试点；徐工重型的“智能微库”，以“货到人”的方式实现了物品自动化存取，单据运转周期从 160 个小时压缩到 80 个小时。在 2021 年 9 月上旬公布的全国第 32 批 A 级物流企业名单中，徐工智联物流服务有限公司（以下简称徐工智联）成为全国 23 家 5A 级物流企业中的一员，江苏共 2 家物流企业入选。依托物联网、云计算、大数据等信息技术，徐工智联积极建设面向装备制造业的“智 +”数字化供应链系统，覆盖了采购管理、仓储管理、物流管理、数据分析与应用等业务过程，已累计为徐工集团降低 1700 余万元运输成本。2020 年，徐工智联在疫情形势下业务量实现逆势增长，营业收入突破 26 亿元、同比增长 86%，先后获评“全国物流行业先进集体”、首批“全国供应链创新与应用示范企业”，2021 年营业收入预计可达 40 亿元。

根据“十四五”规划，2025 年，徐州将形成枢纽引领、集约高效、融合联动、智慧绿色的物流体系，物流营业收入突破 4000 亿元，社会物流总费用与 GDP 的比率降至 12%。

**（三）贵州磷化（集团）有限责任公司**

近年来，贵州磷化（集团）有限责任公司（以下简称贵州磷化集团）通过推进内部物流组织体系的优化创新、物流硬件资源价值整合以及物流合作多样化来促进物流业与制造业的深度融合。结合具体运营发展实际，通过运营模式创新激发融合发展内生动力。对原料和产品进出口进行“双港口双通道”布局、开展多式联运，罐式集装箱运输公转铁、物流安全管理等方面均取得显著经济社会效益，实现了深度融合的双赢。融合模式具有创新性、可复制性和示范推广价值。

在 2021 年“物流业与制造业融合创新发展工作会暨第三届公路运力发展大会”上，贵州磷化集团获评 2021 全国“物流业制造业深度融合创新发展典型案例”，成为 50 个典型案例之一，为探索符合我国国情的物流业与制造业融合发展模式提供了优秀的实践案例。此次实践总结了贵州磷化集团协同供应链上下游，内挖潜力，外抓机遇，通过强化理念创新，找准了“两业融合”发展的方向和路径，积累了“两业融合”诸多典型经验。

## 第三节 加快物流业态模式创新的内在要求

### 一、加快物流业态模式创新的总体要求

#### （一）指导思想

以习近平新时代中国特色社会主义思想为指导，全面贯彻党的十九大和十九届二中、三中、四中、五中和六中全会精神，牢固树立和深入践行新发展理念，紧紧围绕高质量发展要求，以深化供给侧结构性改革为主线，充分发挥市场在资源配置中的决定性作用，更好发挥政府作用，统筹推动物流业降本增效提质和制造业转型升级，促进物流业与制造业协同联动和跨界融合，延伸产业链，稳定供应链，提升价值链，为实体经济高质量发展和现代化经济体系建设奠定坚实基础。

#### （二）发展目标

到2025年，物流业在促进实体经济降本增效、供应链协同、制造业高质量发展等方面作用显著增强。探索建立符合我国国情的物流业与制造业融合发展模式，制造业供应链协同发展水平大幅提升，精细化、高品质物流服务供给能力明显增强，主要制造业领域物流费用率不断下降；培育形成一批物流业与制造业融合发展的标杆企业，引领带动物流业与制造业融合水平显著提升；初步建立制造业物流成本核算统计体系，对制造业物流成本水平变化的评估监测更加及时准确。

### 二、紧扣关键环节，促进物流业与制造业融合创新

#### （一）促进企业主体融合发展

支持物流业企业与制造业企业通过市场化方式创新供应链协同共建模

式，建立互利共赢的长期战略合作关系，进一步增强响应市场需求变化、应对外部冲击的能力，提高核心竞争力。引导制造企业结合实际系统整合其内部分散在采购、制造、销售等环节的物流服务能力，以及铁路专用线、仓储、配送等存量设施资源，向社会提供专业化、高水平的综合物流服务。

**（二）促进设施设备融合联动**

在国土空间规划和产业发展规划中加强物流业与制造业有机衔接，统筹做好工业园区等生产制造设施，以及物流枢纽、铁路专用线等物流基础设施规划布局和用地、用海安排。（发展改革委、工业和信息化部、自然资源部、交通运输部、国家邮政局、国家铁路集团按职责分工负责）积极推进生产服务型国家物流枢纽建设，充分发挥国家物流枢纽对接干线运力、促进资源集聚的显著优势，支撑制造业高质量集群化发展①。（发展改革委、交通运输部、国家邮政局负责）支持大型工业园区新建或改扩建铁路专用线、仓储、配送等基础设施，吸引第三方物流企业进驻并提供专业化物流服务。

**（三）促进业务流程融合协同**

推动制造企业与第三方物流、快递企业密切合作，在生产基地规划、厂内设施布局、销售渠道建设等方面引入专业化物流解决方案，结合生产制造流程合理配套物流设施设备，具备条件的可结合实际共同投资建设专用物流设施。加快发展高品质、专业化定制物流，引导物流、快递企业为制造企业量身定做供应链管理库存、线边物流、供应链一体化服务等物流解决方案，增强柔性制造、敏捷制造能力。

**（四）促进标准规范融合衔接**

建立跨部门工作沟通机制，对涉及物流业与制造业融合发展的国家标准、行业标准和地方标准，在立项、审核、发布等环节广泛听取相关部门意见，加强标准规范协调衔接；支持行业协会等社会团体结合实际研究制定物流业与制造业融合发展的团体标准，引导和规范物流业与制造业融合

① 毛海军．江苏物流创新典型案例［M］．南京：东南大学出版社，2019.

创新。鼓励制造企业在产品及包装设计、生产中充分考虑物流作业需要，采用标准化物流装载单元，促进 1200mm × 1000mm 标准托盘和 600mm × 400mm 包装基础模数从商贸、物流等领域向制造业领域延伸，提高托盘、包装箱等装载单元标准化和循环共用水平。

### （五）促进信息资源融合共享

促进工业互联网在物流领域融合应用，发挥制造、物流龙头企业示范引领作用，推广应用工业互联网标识解析技术和基于物联网、云计算等智慧物流技术装备，建设物流工业互联网平台，实现采购、生产、流通等上下游环节信息实时采集、互联共享，推动提高生产制造和物流一体化运作水平。推动将物流业与制造业深度融合信息基础设施纳入数字物流基础设施建设，夯实信息资源共享基础。支持大型工业园区、产业集聚区、物流枢纽等依托专业化的第三方物流信息平台实现互联互通，面向制造企业特别是中小型制造企业提供及时、准确的物流信息服务，促进制造企业与物流企业高效协同。积极探索和推进区块链、第五代移动通信技术（5G）等新兴技术在物流信息共享和物流信用体系建设中的应用。

## 三、突出重点领域，提高物流业与制造业融合水平

### （一）大宗商品物流

推动和支持钢铁、有色金属、建材等大型制造业企业和工业园区提高煤炭、原油、矿石、粮食等大宗商品中长期运输合同比例以及铁路、水路等清洁运输比例。扩大面向大型厂矿、制造业基地的“点对点”直达货运列车开行范围。鼓励铁路、水路运输企业与制造业大客户签订量价互保协议，实现互惠共赢。依托具备条件的国家物流枢纽发展现代化大宗商品物流中心，促进大宗商品物流降本增效。

### （二）生产物流

鼓励制造业企业适应智能制造发展需要，开展物流智能化改造，推广应用物流机器人、智能仓储、自动分拣等新型物流技术装备，提高生产物流自动化、数字化、智能化水平。加强大型装备等大件运输管理和综合协

调，不断优化跨省大件运输并联许可服务。加快商品车物流基地建设，优化铁路运输组织模式，稳定衔接车船班期，提高商品车铁路、水路运输比例；优化商品车城市配送通道，便利合规车辆运输车通行。

**（三）消费物流**

鼓励邮政、快递企业针对高端电子消费产品、医药品等单位价值较高以及纺织服装、工艺品等个性化较强的产品提供高品质、差异化寄递服务，促进精益制造和定制化生产发展。稳步推进国家骨干冷链物流基地建设，推动提高生鲜农产品产业化发展水平。推动构建全国性、区域性冷链物流公共信息平台，促进相关企业数据交换，逐步实现冷链信息全程透明化和可追溯。鼓励企业根据市场需求，提升港区及周边冷链存储能力。支持生鲜农产品及食品全程冷链物流体系建设，加快农产品产地“最先一公里”预冷、保鲜等商品化处理和面向城市消费者“最后一公里”的低温加工配送设施建设。

**（四）绿色物流**

引导制造企业在产品设计、制造等环节充分考虑全生命周期物流跟踪管理，推动产品包装和物流器具绿色化、减量化、循环化。鼓励企业针对家用电器、电子产品、汽车等废旧物资构建线上线下融合的逆向物流服务平台和回收网络，促进资源循环利用、逆向物流以及再制造发展。支持具备条件的城市和制造企业、商贸企业开展逆向物流试点，探索符合我国国情的逆向物流发展模式。

**（五）国际物流**

发挥国际物流协调保障机制、全国现代物流工作部际联席会议等作用，加强顶层设计，构建现代国际物流体系，保障进口货物进得来，出口货物出得去。加强国际航空、海运、中欧班列等国际干线物流通道以及物流枢纽、制造业园区统筹布局和协同联动，支持外向型制造企业发展。支持制造企业利用中欧班列拓展“一带一路”沿线国家市场。加快培育与我国生产制造、货物贸易规模相适应的骨干海运企业和国际海运服务能力。围绕国际产能和装备制造合作重点领域，鼓励骨干制造企业与物流、快递企业合作开辟国际市场，培育一批具有全球采购、全球配送能力的国际供应链服务商。发展面向集成电路、生物制药、高端电子消费产品、高端精密设备等高附加值制造业的全流程航空物流，促进“买全球”“卖全球”①。支持邮政、快递企业与制造企业深度合作，打造安全可靠的国际国内生产型寄递物流体系。

### （六）应急物流

研究制定健全应急物流体系的实施方案，建立以企业为主体的应急物流队伍，在发生重大突发事件时确保主要制造产业链平稳运行。支持物流、快递企业和应急物资制造企业深度合作，研究制定应急保障预案，提高紧急情况下关键原辅料、产成品等调运效率。补齐医疗等应急物资储备设施短板，完善医疗等应急物资储备体系，提高实物储备和产能储备能力。在工业园区等生产制造设施、物流枢纽等物流基础设施规划布局、功能设计中充分考虑产品生产、调运及原辅料供应保障等需要，确保紧急情况下物流通道畅通，增强相关制造产业链在受到外部冲击时的快速恢复能力。

## 四、加强统筹引导，优化融合发展的政策环境

### （一）营造良好市场环境

深入推进“放管服”改革，对物流业与制造业融合发展新业态、新模式实施包容审慎监管。取消不合理的市场准入限制，确保各类市场主体平等参与市场竞争。严格落实国务院和相关部门已出台的物流降成本措施，为物流业与制造业融合创新发展创造良好条件。支持行业协会加强行业自律和诚信建设，持续改善物流行业信用环境，增强制造企业与物流企业战略合作的信心和意愿。

### （二）加大政策支持力度

充分利用现有政策渠道支持物流标准化设施设备推广、铁路专用线建

---

① 刘伟华．智慧物流生态链系统形成机理与组织模式［M］．北京：中国财富出版社，2021.

设、农产品冷链物流发展等。鼓励有条件的制造企业剥离物流资产成立独资或合资物流企业，符合条件的按照有关规定享受财税政策。支持制造企业在不改变用地主体和规划条件的前提下，利用存量厂房、土地资源发展生产性物流服务，其土地用途可暂不变更。加快修订铁路专用线管理相关文件，完善专用线共建共用机制，规范专用线收费项目标准和收费行为。

**（三）创新金融支持方式**

鼓励银行保险机构按照风险可控、商业可持续的原则，开发服务物流业与制造业深度融合的金融产品和服务。鼓励供应链核心制造企业或平台企业与金融机构深度合作，整合物流、信息流、资金流等信息，为包括物流、快递企业在内的上下游企业提供增信支持，妥善促进供应链金融发展。支持社会资本设立物流业与制造业融合发展产业投资平台，拓宽融资支持渠道。

**（四）发挥示范引领作用**

支持骨干物流、快递、制造企业兼并重组，做大做强，在危化品物流、逆向物流及服务先进制造等专业化程度高的领域培育形成一批技术水平高、服务能力强的企业，打造物流业与制造业融合创新品牌。研究修订推荐性国家标准《企业物流成本构成与计算》，选取若干企业开展物流成本统计核算试点，研究建立制造业物流成本核算统计体系。鼓励龙头企业发起成立物流业与制造业融合创新发展专业联盟，促进协同联动和跨界融合。在重点领域梳理一批物流业与制造业深度融合创新发展的典型案例，总结推广物流降成本、改造提升传统制造业等方面的成功经验。

**（五）强化组织协调保障**

依托全国现代物流工作部际联席会议机制推进物流业与制造业融合发展，加强跨部门政策统筹和工作协调，及时研究解决物流业与制造业融合发展面临的突出问题，营造良好的政策环境。充分利用科研院校、骨干企业等社会研究力量，搭建覆盖“产学研用”的咨询服务平台，为促进物流业与制造业融合发展提供智力支持。依托主要行业协会建立物流业与制造业融合发展动态监测和第三方评估机制，研究制定融合发展统计和评价体系，定期发布研究报告，为相关政府部门决策提供参考，引导行业健康发展。

# 第四章

# 物流业与制造业的企业主体融合

# 第一节　支持“两业”企业建立互利共赢的合作关系

## 一、物流业与制造业企业建立互利共赢合作关系的必要性

自从物流相关概念及理论引入我国之后，物流业就受到我国政府和企业的重视。特别是近几年来，物流业和制造业快速发展，“两业”之间的融合程度越来越深，导致政府及企业都在关注制造业及物流业如何建立互利共赢合作关系的话题。

制造业传统的粗放式发展在给我国带来经济发展增速和可观效益的同时，也带来了一系列的生态环境破坏和资源过度消耗的问题。我国政府高度重视这一问题，于 2017 年 10 月出台《关于积极推进供应链创新与应用的指导意见》（国办发〔2017〕84 号），要求大力推进绿色制造，同时要求推进供应链协同制造，促进供应链上下游企业实现协同采购、协同制造、协同物流[①]。因此可见，制造业是推动物流业发展和协同的有效路径。同时，物流业作为一种复合型生产服务业，它融合了交通运输、仓储、贸易、邮政和流通加工等行业，是现代服务业的重要组成部分，对推进产业结构升级、促进制造业健康持续发展具有积极作用。因此，推进制造业与物流业绿色协同发展，不仅是提高制造业核心竞争力的重要手段，也是促进绿色物流发展的必要途径。

随着信息技术向制造业的全面渗入，可实现对生产要素的高灵活度配置和大规模定制化的生产，从工厂布局、生产流程、企业管理模式以及生产管理方式等进行变革。工业 4.0 时代的智能物流服务的是工业 4.0 时代

---

① 骆温平．制造业与物流业联动的物流服务创新研究［M］．北京：经济科学出版社，2019.

智能化的供应链、生产链。在工业 4.0 时代，客户需求高度个性化、产品创新周期继续缩短，生产节奏不断加快，这些不仅仅是对智能生产系统的要求，更是对整个服务于智能生产供应链的物流系统提出的挑战。与此同时，业务流程、物料供应链由传统的企业内部为主的链接发展为以客户需求为中心、以上下游高效供应链为纽带、以企业之间的智能物流为支撑的虚拟制造体系。

制造业是物流业的重要服务对象。物流服务是制造生产的黏合剂，可以将分散在不同时空的生产和加工的各个环节联结起来，构成有形的制造业系统，由制造业创造的物流服务总值的占比高达 88%。当今社会的拉动式需求和全球供应链市场对制造业的生产绩效有了更高的要求，低排放、低能耗、低污染的绿色生产体系势必要求引入先进的物流技术和可持续发展的物流管理理念，将环境绩效纳入制造企业产出考核，要求采用绿色技术优化运输、仓储、配送等物流活动，促进绿色生产效率的提高，达成制造业与物流业的绿色协同发展。

物流业是制造业的重要推动力量，因此制造业与物流业的绿色协同发展具有坚实的基础。随着工业化水平的不断提高，制造业的发展逐步走向精细化、绿色化和可持续化，组织结构也从纵向一体化或者横向一体化向立体化、网络化方向发展，供应链中单一企业侧重自身效益提高，也开始向其他企业寻求协同与合作以追求整个链条效益最大化，企业间的竞争已过渡到供应链间的竞争。制造业要取得健康持续发展的竞争优势必须要考虑物流业绿色发展所带来的积极影响。物流服务既是制造生产的一部分，又可以实现功能外包，绿色物流系统可以有效帮助制造业企业降低生产成本、提高生产效率、提升企业核心竞争力和可持续发展的能力。同时，精益生产、协同制造、绿色供应链技术等先进管理思想和方法在制造业的推进过程中都是以物流系统为中心环节来开展的，因此绿色协同是制造业和物流业发展的必然选择。

从物流与生产制造业的关系来看，在智能制造框架下，智能物流是实现智能制造的核心与关键，也是构建整个智能工厂的基石，具体而言包括从智能采购物流、智能生产物流以及智能销售物流等不同的物流作业环节。从生产物料周转单元来看，智能物流系统需要具备既有自助管理本单元库存的能力，又有具备与该供应链上下游作业实现自动库存报告与动态更新的能力，实现单个生产流程对库存的智能化控制①。因此，随着时代的不断发展，物流业与制造业企业建立互利共赢合作关系是具有必然性的。

## 二、制造业企业和物流业企业合作关系的研究

制造业企业与物流业企业合作关系的相关研究比较少，主要从物流联盟、共生关系的角度分析两者关系。在物流联盟方面，普遍来说，物流联盟是制造业和物流业一种较高层次的合作，是区别于物流外包等单功能物流合作的。在共生理论方面，研究主要集中在利用共生理论说明“两业”如何产生互动以及有哪些因素会影响两者的互动。“共生”概念是由德国真菌学家德贝里在1879年提出的，最初应用于生物学中种间关系的研究。由于世界是由相互联系、相互依存的物质组成的，因此共生现象也广泛存在于社会系统中，共生理论在社会科学领域得到了借用。

由于全国各地区的制造业与物流业的发展水平不同，因此不同地区的制造业企业与物流业企业的合作发展所处阶段以及应采取的协同措施也有所不同。许多学者将两行业企业合作发展的研究对象具体到某个地区以期对该地区的两行业企业合作发展给出对策和建议。例如，孙久文等学者利用logistic模型通过对长三角地区的生产性服务业和制造业的相关数据研究发现，在该地区两行业共生发展是不对称的，生产性服务业对制造业的共生作用远大于制造业对生产性服务业的共生作用，该地区应该加速壮大和培育生产性服务业以获得两行业更快的合作发展。

自从J. C. Henderson和N. Venkatraman提出战略匹配模型（SAM）以来，该模型就被广泛应用于很多领域。虽然该模型的建立最初是用来检查企业的经营战略和信息系统战略之间一致性的，但是后来对该模型的应用

① 王卓明．现代物流业趋势演变与系统重构［M］．北京：中国言实出版社，2018.

并不局限于此，有学者就利用该模型对企业间的战略匹配进行研究。例如，陈畴镛在《第三方物流与产业集群协同发展研究》中就将该模型应用于集群企业和第三方物流企业的战略协同研究，从而提出了体系支持模式、战略支持模式、战略重塑模式和体系重塑模式四种业务战略协同模型。由于该种模型是讨论企业与第三方物流企业间的关系，因此将该模型应用到制造业企业和物流业企业的合作发展研究中来，认为在制造业和物流业中，散布着这四种不同战略合作关系的制造业企业和物流业企业（见图4－1）。

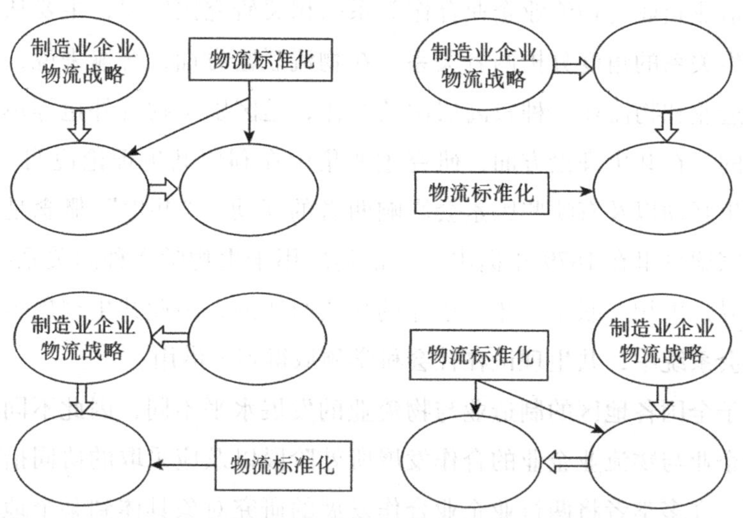


**图4－1 物流业企业与制造业企业战略合作关系模型**

## 三、工业4.0时代物流业与制造业企业合作发展展望

物流业企业要更好地服务于制造业企业，在现有物流体系基础上还需要更进一步切合产业发展需要，做好产业链物流智能化升级服务。首先，可以围绕战略性新兴产业通过政策、资金等资源的调动进行科技资源的集聚，通过以智能化供应链为核心的创新链条驱动，围绕传统优势产业链部署创新链条，以创新链为引导，增强传统优势产业的自主创新能力，推动拥有核心技术和关键技术的传统企业集聚优势资源加速发展，从而实现现

有产业物流供应链上的跨越式发展；最后实现整个传统优势产业转型升级。

其次，物流业与制造业合作发展的基础是制造业要先具备实现制造业智能化发展的基础，占领制造业高端的恰恰又是被称作“国之重器”的高端装备制造业，因此要占领制造业制高点必须着眼于企业智能制造所需的包括智能物流在内的资源获得；把握智能制造发展特点和规律，整合现有的智能物流、平台标准，借鉴国内外工业4.0标准化路线图、智能装备制造和工业互联网标准建设的工作思路和组织方式，加快智能制造标准化体系建设①。

最后，通过“制造+服务”提升整个供应链的价值链控制力。当前，从国内制造业整体发展趋势来看，制造业服务化是我国制造业在国际市场上形成核心竞争力的关键，是全球价值链中的主要增值点，也是提升价值链控制力的焦点，因此发展“智能制造”的高端制造业也应考虑先进制造业与现代服务业的“双轮驱动”，通过服务和发展知识密集型服务业，提升制造业的附加价值。

## 第二节　引导制造业向社会提供综合物流服务

### 一、引导制造业向社会提供综合物流服务的必要性

2020年9月，为贯彻落实党中央、国务院关于推动高质量发展的决策部署，做好“六稳”工作，落实“六保”任务，进一步推动物流业制造业深度融合、创新发展，推进物流降本增效，促进制造业转型升级，国家发展改革委会同工业和信息化部等部门和单位研究制定了《推动物流业制造

① 马朋飞．物流业与制造业产业关联研究［J］．物流技术，2020（03）：55—59.

业深度融合创新发展实施方案》（发改经贸〔2020〕1315 号）。方案提出了引导制造企业结合实际系统整合其内部分散在采购、制造、销售等环节的物流服务能力，以及铁路专用线、仓储、配送等存量设施资源，向社会提供专业化、高水平的综合物流服务。

近年来，国家发展改革委和全国现代物流工作部际联席会议办公室一直把推动制造业与物流业联动发展作为推动物流业发展的重点工作。与此同时，全国各地政府有关部门陆续出台了一系列政策措施，积极推进本地区两业联动发展，我国“两业”联动的市场环境正逐步形成，各地相继涌现出一批成功的联动案例。国家出台的《物流业调整和振兴规划》（国发〔2009〕8 号）明确提出了“积极扩大物流市场需求，大力推进物流服务的社会化和专业化”的主要任务，并把“制造业与物流业联动发展”列为九项重点工程之一。这是我国制造业与物流业联动发展的重要机遇，也对本项目提出了更高要求，制造业和物流业联动发展对国民经济、社会总体发展都具有重大意义。

物流学说是于 20 世纪 80 年代从日本传进国内，90 年代末期物流企业才被大家知晓。之前，仓储、运输等都是分开运行的单独行业，缺少对企业的深入服务，物流企业的出现满足了市场对产品、原材料等的一体化、专业化流转的要求，这是在市场范围扩大、规模扩大，产业链延伸，企业对成本、质量和速度要求更高的情况下产生的。而物流的最高形式是供应链，供应链的物流形式只有在产业集群比较完善的地区发展较快。近年来虽然电子商务的蓬勃发展带来了供应链发展的提速，但是更多服务于制造业的还是第三方物流，即所谓的合同制物流。

制造业转型升级要应对市场不断加速的变化、需求个性化下的产品迭代和技术迭代，以及对协同与成本的高要求。物联网、大数据、云计算时代，为制造业的转型升级提供了技术支持，但就智能制造来说，光有智能工厂的改造是不行的。企业经营过程包括生产、供应、销售等，由此需要对人、财、物进行有效配置与利用。就生产环节来说，现代生产是加工、物流、技术与信息的综合集成，其中的生产加工需要靠信息与物流来引导和调节，从而使生产更加柔性化、更有节奏、更加均衡，这就涉及生产企业的物料供应与储存，同时要求上游供应准时，下游销售快速反应，还要适应产品变换带来的生产及上下游合作伙伴的调整①。因此制造业的转型升级必须依靠物流与供应链的支持，智能工厂一定要结合智能物流、智慧供应链，才能更好地发展。

对于大企业来讲，原有的第三方物流企业在专业化能力与嵌入式服务方面还有较大的不足。物流与供应链系统的再造与对接，将满足行业专业性特点，协同能力更高，生产企业在上马新产品时可以借助升级后的物流系统，迅速调整供应链。企业开拓国际国内市场时也能借助新型物流系统迅速在大范围内规划和布局供应链体系，从而做到在国际和国内市场资源的优化配置，提高我国制造业的核心竞争力。

对于中小制造业来讲，物流与供应链系统的再造与对接作用更大，中小企业在销售、采购、技术研发、精细化管理方面能力较弱，在信息化与数字化设施的投入上也勉为其难。而基于数字化的物流与供应链系统，不仅可以为中小制造业企业提供产供销的网络结构与低成本的快速切换，同时还能基于这一网络系统为中小型制造业提供专业化的赋能，从而提升中小企业的产品开发、运营效率、供应链组织能力，让中小企业把有限的资源聚焦于自己的核心或专长上，从而提高他们的竞争力。

因此，在未来的市场竞争中，不管是面向国内庞大的消费市场，还是大企业的跨国拓展，再造原来分散、割裂的物流系统，构建多层次的智慧供应链网络系统，提供综合物流服务，是我国制造业转型升级的必要基础，由此而成为了国家的中长期战略。

## 二、引导制造业向社会提供综合物流服务的建议

制造业向社会提供综合物流服务，关键在于改善制造业物流投入不足、成本较高的现象，推进物流降本增效，促进制造业转型升级。一方面是促使制造企业实施流程再造，整合、分离、结合实际系统整合其内部分

---

① 李原．制造业迈向新时代［J］．中国企业家，2020（01）：77—78.

散在采购、制造、销售等环节的物流服务能力，实行专业化运作，优化供应链资源配置，有利于降低物流成本，提高运营效率，提升核心竞争力，最终实现制造业产业升级和市场竞争力的整体提升；另一方面是促使物流企业参与制造企业的供应链运作，可以通过服务功能的整合提高自身的专业化服务水平和一体化物流管理能力，通过优化社会物流资源配置，提高全社会的物流运作效率，实现物流业服务能力和水平的整体提升，最终推动物流服务发展再上新台阶。

从目前“两业”发展的现状以及联动性分析，运用第三方物流的经营理念、管理模式和技术方法，发挥物流资源优势，提出以下发展建议。

**（一）系统整合制造业企业仓储基地**

制造业企业可以综合考虑与物流业相关的地理位置，同时分析运营成本、网络资源、覆盖范围等因素，选取合适场地整合物流专业仓储基地，仓储范围覆盖发货、存储、退货、打包、封发等作业环节，并配置输送系统等软件设施，引进先进的仓库管理技术，建立机械化、专业化仓储基地，具备专业化、高标准的货物仓储服务能力，为自身企业提供集仓储、订单管理、运输、理货等多项物流服务。

仓储服务在有效降低运营成本的同时提高仓储作业及运营效率，仓储信息通过物流信息平台可实时快速地传递给制造企业，方便企业及时查询到货物在所在仓库的库存情况、货物进出仓情况、通过互联网或手机短信方式接收到相关货物库存和进出仓通知，建立高效科学的库存管理机制。

**（二）搭建全方位物流信息平台**

建设全方位物流信息平台，集成管理、协调和调度等物流配送有关的物流活动，及时与 ERP 等企业资源管理系统交换信息，并执行 ERP 系统所下达的采购计划、配送计划、物料需求计划、进行物流配送跟踪等，及时反馈执行结果和相关信息。

**（三）数据整合供应链**

制造业的升级即是“互联网 + 供应链整合 + 行业应用”的模式，行业应用是核心，互联网及供应链整合是有效的手段与工具。在产业互联网时代，“行业应用 + 供应链整合”要求更深入的行业背景，如阿里巴巴、京东能够迅速整合与重塑零售端这样的模式未必能再现。供给端的升级中，制造业与物流业是一个整体，升级制造业和与之匹配的物流业改造，目标是能有效协同需求端与供给端。就目前来看，在产业互联网的框架下，长期深入地将制造业升级与供应链整合融合起来，需要做好以下几方面工作。

首先，以工厂自动化、智能化升级为主线，整合生产与供应并延伸至分销体系。大企业的整合与改造需要借助行业信息化平台与专业化的智能制造方案商的设计实施与生态系统的支持，中小企业的整合与改造因为其本身技术力量与基础设施的局限需要借助平台服务商的连接与专业化服务，比如制造服务平台、物流与供应链平台等，最终要达到的目标是以大数据监测生产、监测设备的正常运营，以云平台协同企业内部、企业间的生产，以产业互联网为纽带精益化运营供应链。

其次，从需求端出发以电子商务系统为主导，以个性化订单组合为拉动力，整合需求、设计、生产乃至分销配送与供给端相衔接。大企业可以升级自己的电子商务平台对接生产系统，中小企业则需要借助独立的电商订单平台，由于制造业的个性化，这类平台一般以行业细分，最终实现客户到工厂的 C2M 定制化模式①。同时也会出现协同设计等中间性服务平台，从而有效地将顾客、零售商、传统电商平台、设计师、物流商与制造商连接起来。

最后，加强物流与供应链公司基础设施改造，提升物流与供应链公司专业化服务能力。基础设施建设以自动化、标准化、智能化为目标。专业化服务能力，一个是物流系统本身的规划能力、整合能力，这是横向融合问题；另一个是对各制造细分领域的专业化服务能力，做到嵌入制造环节，这是一个依托行业纵深融合的问题。最终由第三方物流向供应链管理升级。在网络构建、基础设施改造、商业模式创新的基础上，实现物流系统质的飞跃。

以上工作包含了大量的内容，各方面都要以精益求精持续改进为出发

---

① 肖海彬．制造业“智能化”加速［J］．商品与质量，2020（18）：6.

点，根据行业的发展情况以及整合需求，确定阶段性的主攻方向，以点带面、以效益为目标地逐步展开。比如现阶段制造业企业产品分销方面出现了云服务平台与零部件供应网络相结合的系统。随着产业互联网的布局，数据服务商的需求会大量增加，以数据整合制造业与物流业会产生明显的经济效益。这方面的安排需要借助专业化机构的研究与实施，从而有效配置资源，提升社会供给系统的价值与效率。

**（四）提供高效低成本的运输配送服务**

物流企业依托覆盖范围内的物流配送网络，可以为客户真正实现急需的跨区域门到门送货服务，为制造、分销企业提供面向零售企业的末端配送，确保货物走得更快、更准、更远。依托物流仓储配送平台和信息平台，项目提供从货物入库到配送终点的全程物流配送及跟踪服务，具体包括“运输—入库—保管—捡货—分拣—暂存—出库—配送”等一站式服务，重点满足制造企业不断提高的产品分销物流需求，实现实物与信息同步运行管理，减少企业物流成本，以可靠的时效与服务质量逐步占领中、高端制造业物流服务市场。

**（五）建设一体化物流结算中心**

物流企业可以综合利用代收货款服务优势，为制造企业提供资金回款服务。代收货款服务是综合利用物流业务现有条件和优势，为适应市场需求而推出的一项物流业务延伸服务项目，是物流企业为各类邮购公司、电子商务公司、商贸企业等单位提供快速传递实物、代收货款并代为统一结算的一种特殊业务。

物流企业在投递代收货款邮件时，将按照制造企业标注的收件人应付款金额代为向收件人收款，并集中与制造企业直接结算，通过代收货款方式，将购买方和销售方的购销风险降到最低点，并为销售方提供高效的资金回拢，提高资金流动性。

制造业的转型升级以及综合物流服务运作，需要借助专业化的知识与专业化的公司并借助资本的力量整合技术、人才、资源，创设机制，搭建平台，尽快实现制造业的转型升级以及综合物流服务运作，最终形成良好的产业生产环境。在国家产业政策支持下、在互联网新经济发展的内在规律触发下，产业互联网的发展方向已是大势所趋。同时，基于大量传统行业中小企业的存在，平台经济的作用显而易见——通过平台集结产供销，通过产业互联网实现互联互通，切实降低了采购成本、运营成本和物流成本。

以上是对制造业提供综合物流服务的若干建议，通过仓储基地、信息平台、结算平台的建设，可以以物流企业为主体形成以仓储管理、运输配送、信息跟踪、代收货款等四大板块为主的物流服务体系，为制造企业提供从仓储、订单处理、运输、配送、理货、信息服务、退货处理、代收货款到集中结算的端到端的一站式物流服务，实现快速、高效、低成本、便捷的综合物流服务水平。

# 第五章

# 物流业与制造业的设施设备融合

# 第一节　加快物流业与制造业在设施设备方面的有机衔接

## 一、物流业与制造业在设施设备方面有机衔接的先进探索

### （一）橙色云平台的共享

2021 年华南国际工业博览会（以下简称华南工博会）于 9 月在深圳国际会展中心（新馆）开幕。本届华南工博会是前海“扩区”后深圳迎来的首个华南地区重大工业展会，也是落实《全面深化前海深港现代服务业合作区改革开放方案》的具体行动。展会的举办将推动深圳会展业向国际化、高端化发展，为本地“专精特新”企业高质量发展培育沃土，为深圳加快建设全球先进制造业基地提供支撑，为湾区打造创新工业生态链、搭建国际高端贸易交互平台。

作为全球两大极具规模和影响力工业盛会的系列展，华南工博会立足未来工业的高站位，精确聚焦中国智能制造，将通过自动化、机器视觉和工业机器人技术、新一代信息技术和数字化工厂解决方案等全行业最新技术和解决方案，完美呈现智能工业产业链中的创新技术及产品的有效融合。为此大会组委会特筹备了以“工业互联，新物流、新仓储”为主题的演讲论坛，期间多位嘉宾分享了仓储物流行业的数字化转型解决方案。

据橙色云互联网设计有限公司（以下简称“橙色云”）智慧研究院智慧研发中心专家杨建博士介绍：一方面，中国制造业面临着人口红利消失，劳动力、土地、能源等生产要素成本提升等国内问题。另一方面，还要面对贸易保护主义、出口减少和产业转移等国际问题，迫切需要通过互联网技术重塑中国制造业的新优势。低端制造向高端制造的战略转型已成为中国制造业的现实需求。单一的传统企业模式很难实现企业智能制造转

型的落地，用互联网的思维解决企业智能制造转型是一条有效且可行的路径。

橙色云根据中小型制造业企业人才招聘困难、行业人才缺乏、研发成本高、生产效率低、企业管理难等痛点，开发了具有自主知识产权的CDS云协同系统和CRDE云研发系统，创立了“协同创新”和“研发上云”两种全新业态①。

橙色云还打造了基于人工智能的在线协同交互系统——“麟玑”AI产品，赋能平台化设计业务场景，目前已经实现了部分产品的AI报价、AI智能匹配等。“麟玑”为有研发创新或转型升级需求的个人和企业提供产品的智能需求定义、智能项目拆解、智能资源匹配等服务，为客户推荐出满足需求的多个服务商，有效缩短了传统需求方寻找供应商的时间，提升了工业项目的合作达成率，打开了产业数字化升级的新局面。

中国是全球最大的物流市场，也是最重要的物流市场之一，其发达的物流业让世界啧啧称奇。随着物流仓储市场的井喷式发展，“订单导向”生产已经成为趋势，众多融合人工智能、物联网、大数据等技术的物流新模式应运而生。这也让越来越多的企业认识到，产线的智能设备导入只是第一步，要想得到生产效率的最优解，物流系统的再优化必须提上日程。

橙色云平台项目经理针对物流行业的困境、市场对设计、研发的需求进行分析确定，协同智囊团队针对项目需要，将项目拆解为多个子项目，并将拆分后的子项目在平台CDS云协同系统的工程师招募栏中公开发布，招募具有承接能力的团队和工程师参加，同时平台通过“麟玑”系统一键匹配工程师或工程师团队，并按照匹配度进行推荐排序，便于项目经理迅速筛选出多个更加符合项目需求的解决方，组成项目组共同研发项目。

完成项目团队组建后，团队成员对客户需求数据进行有效分析，深入调研客户生产情况，梳理项目流程，并且通过平台的云研发系统进行在线协同设计。经过深入的探讨和谨慎的论证，该项目团队根据货物的特点以

① 王玉．“物流＋制造”深度融合创新发展［J］．物流技术与应用，2021（05）：98—99.

及仓库的硬件条件，通过规划和设计，使货物和仓库能更高效地匹配。项目组优化了仓库的整体布局，制定出详细的解决方案。

橙色云平台提供的立库（即“立体仓库”，又称为“高架库”或“高架仓库”）解决方案，通过仓储管理系统（WMS），可实现提升仓储中心作业效率，至少减轻工作人员一半的工作量，提高作业准确性，实现合理控制库存水平的目标。方案最大限度地利用仓库平面和空间，通过节省纵向空间，减少对仓库顶部空间的浪费，大幅提高空间利用率。同时，提高了库位率，搬运效率提高了50%，使整体搬运环节更加流程化、顺畅化，安全性能更高，促进了物流业与制造业在设施设备方面的有机衔接。

**（二）北汽集团与京东集团战略合作的深化**

北京汽车集团有限公司（以下简称北汽集团）与京东集团在京签署四个领域深化战略合作备忘录，双方将重点开展基于数字化转型的全面深化合作，涵盖商用物流车、工业品平台、无人智能物流车、数字化营销及用户运营、汽车后服务平台、智能供应链等领域。包括深化数字化营销与用户运营平台的搭建；根据京东集团用车需求，合作研发无人智能末端物流配送车；利用京东集团“京车会”资源在汽车后市场为用户提供车辆维修保养及其他增值服务；共同探索并建立全场景、多层级、模块化汽车供应链物流解决方案等。在数字化营销与经营方面，双方将继续深化北汽集团数字化营销与用户运营平台项目的合作，借助京东集团在数字化管理和创新方面的优势，为北汽集团建设经营管理、生产制造、物流等环节的数字化能力提供支撑。

在物流商用车方面，双方已经通过采购和租赁两种形式展开合作，助推京东物流干线、支线、末端物流智能化、新能源化用车升级。

在自主品牌合作方面，双方将联合进行“京选好车”——“BEIJING”IP品牌定制，围绕设计研发、权益包装等开展合作。

在汽车服务供应链方面，双方将合作探索汽车物流新型智能化服务模式。此举有望为北汽集团打造效率更高的入厂物流仓运配共享网络，并为售后拓展服务半径、提升服务时效提供助力。

北汽集团与京东集团自2019年10月签署战略框架合作协议以来，优势互补，展开了全面深入的战略合作。依托京东集团云技术搭建的北汽集团私有云平台“蓝谷云”2020 年 7 月正式上线运营。截至目前，北汽集团共有 70 余套系统规模上“云”，预计可实现全年成本降低 20%①。双方联合打造的北汽集团数字化营销与用户运营平台目前已经完成 1.0 版建设并启动内测，2021 年三季度对外试运营。此次签署深化战略合作协议，正是对双方合作的进一步深化和落地。

未来，北汽集团将持续推动数字化管理转型、运营转型、产业链生态数字转型，建立覆盖研、产、供、销、服整个汽车产业链的数字化生态圈，促进物流业与制造业在设施设备方面的有机衔接。

## 二、加快物流业与制造业在设施设备方面有机衔接的意义

### （一）有利于构建制造业与物流业协同衔接的技术环境

在供给侧改革不断深化的今天，以新供给引领新需求，制造业企业要在低排放、低能耗、低污染的经营理念指引下，积极进行产业结构调整，优化业务流程，强化自身竞争力优势；同时，物流业也需要在新的经济发展趋势推动下，全面提升现代物流管理理念，明确制造业绿色生产对物流服务的要求，将制造业节能减排的目标渗透到物流功能的各个环节②。加快物流业与制造业在设施设备方面的有机衔接，有利于构建制造业与物流业协同衔接的技术环境，进一步加快制造业与物流业融合发展的进程。

### （二）有利于打造制造业与物流业协同共享的信息平台

信息化技术的发展是制造业和物流业实现信息交流和共享的基础，而国家“互联网 +”行动计划、大数据战略等一系列政策措施的出台则是两者通过信息共享实现协同发展的有力推动。打通制造业和物流业的信息壁垒，实现双方资源共享、数据共用和信息互通，运用信息化手段获取、收集和分析污染排放、能源耗用、创新技术使用等信息，辅助两者协同的科

---

① 刘琼．制造企业智慧物流技术研究［J］．物流科技，2021（03）：44—45.

② 尉迟群丽，王能民，何正文．再制造集成物流网络优化［M］．北京：清华大学出版社，2020.

学决策。加快物流业与制造业在设施设备方面的有机衔接，有利于打造制造业与物流业协同共享的信息平台，进一步加快制造业与物流业融合发展的进程。

**（三）有利于创建制造业与物流业协同沟通的行业标准**

国家倡导供应链协同制造，为制造业和物流业的协同发展提供了良好的政策和制度支撑，可以在供应链视角下构建协同标准。构建物流作业的行业技术标准和物流服务的行业认证标准，制定绿色生产和协同制造的产业标准和市场规范，指导制造业与物流业的协同发展方向，规范双方的协同发展行为，在互信互利的基础上取得双赢的结果。加快物流业与制造业在设施设备方面有机衔接，有利于创建制造业与物流业的协同沟通的行业标准，进一步加快制造业与物流业融合发展的进程。

## 第二节　积极推进生产服务型国家物流与枢纽建设

《国家物流枢纽布局和建设规划》的出台，使我国物流基础设施建设进入新阶段。作为国家物流枢纽其中的一种类型，生产服务型国家物流枢纽的产生，既是我国物流园区理论与实践不断演进的结果，也是其符合现代产业组织、产业运行一般规律的必然。新时代推进生产服务型国家物流枢纽建设，应遵循《国家物流枢纽建设实施方案》的一般指引，重点从发展定位、枢纽选址、功能布局、设施建设、运行方案等方面系统谋划，推动国家物流枢纽高质量发展。生产服务型国家物流枢纽是在我国物流园区发展理论与实践过程中，随着园区类型不断丰富、园区层级不断完善而逐渐演化而来的。

### 一、生产服务型国家物流枢纽概念演进

**（一）首次规范物流园区概念**

为适应我国物流业蓬勃发展形势并规范物流用语，2006 年由中国物流

与采购联合会、中国物流技术协会和中国物品编码中心等单位起草，国家质量监督检验检疫总局、国家标准化管理委员会发布国家标准《中华人民共和国国家标准：物流术语（GB/T 18354－2006）》，首次对物流中心、配送中心、物流园区、物流基地等物流节点设施概念进行了规范①。其中，物流园区定义为：为了实现物流设施集约化和物流运作共同化，或者出于城市物流设施空间布局合理化的目的，而在城市周边等各区域集中建设的物流设施群与众多物流业者在地城上的物理集结地。

**（二）对物流园区进行分类，提出生产服务型物流园区概念**

随着社会上各种类型物流园区的出现，2008 年，国家质量监督检验检疫总局、国家标准化管理委员会发布《中华人民共和国国家标准：物流园区分类与基本要求（GB/T 21334－2008）》，对物流园区进行分类。将物流园区划分为货运服务型物流园区、生产服务型物流园区、商贸服务型物流园区和综合服务型物流园区四个类型，首次提出了生产服务型物流园区概念。并规定，生产服务型物流园区应满足：依托经济开发区、高新技术园区、工业园区等制造业集聚园区而规划；提供生产型企业一体化物流服务；主要服务于生产企业物料供应与产品销售。

**（三）对物流园区分类进行调整，进一步规范生产服务型物流园区概念**

到 2017 年，各类物流园区发展实践中呈现出一些新内容，为适应这一变化，国家质量监督检验检疫总局、国家标准化管理委员会发布《中华人民共和国国家标准：物流园区分类与规划基本要求（CB/T 21334－2017）》代替上版标准，对物流园区分类和功能进行调整，将物流园区划分为货运服务型物流园区、生产服务型物流园区、商贸服务型物流园区、口岸服务型物流园区和综合服务型物流园区五类，新增了一类口岸服务型物流园区。同时，将生产服务型物流园区建设要求调整为：依托经济开发区高新技术园区、工业园区等制造业集聚园区而规划建设；为生产型企业提供一体化物流服务；主要服务于生产企业物料供应产品生产、销售和回收等。经过此次调整，生产服务型物流园区定义更加精准、功能描述更加完善。

---

① 彭勃，王晓慧．物流成本量化管理研究［M］．上海：上海交通大学出版社，2019.

### （四）构建国家物流枢纽网络，提出生产服务型国家物流枢纽概念

全国物流园区继续发展，为进一步发挥物流园区在提升社会物流运行效率、降低实体经济物流成本中的作用。2018 年，国家发展改革委、交通运输部印发《国家物流枢纽布局和建设规划》，在全国遴选一批优秀物流园区，正式提出物流枢纽和国家物流枢纽概念，构建国家物流网络。文件指出，物流枢纽是集中实现货物集散、存储分拨、转运等多种功能的物流设施群和物流活动组织中心；国家物流枢纽是辐射区域更广、集聚效应更强、服务功能更优、运行效率更高的综合性物流枢纽，在全国物流网络中发挥关键节点、重要平台和骨干枢纽的作用。

根据《国家物流枢纽布局和建设规划》，国家物流枢纽分为陆港型、港口型、空港型、生产服务型、商贸服务型、陆上边境口岸型六种类型。其中，生产服务型国家物流枢纽是依托大型厂矿、制造业基地产业集聚区、农业主产区等，主要为工业、农业生产提供原材料供应、中间产品和产成品储运、分销等一体化等现代供应链服务的国家物流枢纽。至此，作为处于全国物流园区层级划分最顶层、与制造业联系最紧密的一种物流节点设施，生产服务型国家物流枢纽概念被正式提出。

## 二、生产服务型国家物流枢纽产生机理

生产服务型国家物流枢纽的出现，适应了物流与制造业联动的产业发展趋势、符合轴辐式物流运行网络的一般形态，能够获得产业集群化发展带来的溢出效应，符合产业经济学关于现代产业组织、产业运行的一般规律。

### （一）“两业”联动实现降本增效

物流业串接生产、流通和消费，是实体经济运行降本增效的关键环节。通过建设完善的物流设施网络、构建高效的物流服务体系，物流业能够为生产生活创造良好的物流条件，有效降低物资或商品的获取成本，扩大物资和商品流通的时空范围。制造业产业链条长、生产环节多，在全球化大生产时代，产业上下游企业空间分布相对分散。原材料、中间品和零

部件获取的高度依赖物流服务，物流成本高低和供应链稳定程度成为制造业竞争力的重要影响因素。

将物流园区与生产制造业基地比邻而建，发展生产服务型国家物流枢纽，能够有效提高制造企业与物流企业的供需对接效率，节省交易成本。制造企业因为更加便捷的物流服务而实现竞争力提升，物流企业因为获得更加集中的规模化需求而实现快速发展，从而达到了物流业与制造业相互促进、联动发展的效果。

**（二）轴辐式网络带来规模经济**

物流业是典型的网络型产业，追求规模经济是产业发展的必然选择。诸多网络形态中，基于轴辐式的多级网络是实现物流业规模经济性的理想形态，在轴辐式多级网络中，物流节点设施是不同层级网络的衔接点，是决定网络运行效率的关键因素①。根据衔接层级不同，可将处于全国物流网络中的物流节点设施划分层次，按照国家级、区域级、地区级等赋予不同功能。国家级物流枢纽主要承担国际国内跨区域大规模物资的通道化运输功能，区域级物流枢纽承担区域内中等规模物资的干线运输功能，地区级物流枢纽承担省市范围内一般规模物资的分拨功能，并借助枢纽间连接交通形成“通道 + 枢纽 + 网络”的运行体系，可有效提高全国物流网络的运行效率，实现规模经济。

生产服务型国家物流枢纽作为全国物流网络中位于顶层的节点设施，依托自身辐射网络将覆盖范围内的生产制造业大宗原材料、批量化产品等物资的运输需求通过区域级、地区级生产服务型物流园区向国家物流枢纽集中，然后借助全国性物流大通道实现物资在国家物流枢纽间的跨区域规模化运输，便实现了生产制造业物流服务的规模经济。

**（三）枢纽经济产生溢出效应**

经济、产业和资源要素不断向一地聚集，再向周边地区进行辐射传递，是现代城市经济发展的基本规律。商品、产业聚集和扩散效应成就了许多城市的经济快速扩张，逐步使这种产业集群化发展范式成为城市或区

① 祖林怀，海涛. 重新定义制造［M］. 北京：中国商业出版社，2019.

域经济的发展手段。

依托生产服务型国家物流枢纽及其通道网络所创造的物流发展环境，可吸引制造业产业要素在枢纽周边聚集，带动产业链构建产业集群化发展，并以网络化服务为手段进行产业规模化扩张，实现短期内培育具有区域乃至国际竞争力的产业集群，本质上是一种枢纽经济。这不仅具有鲜明的现代产业运行基础上的聚集发展特征，更重要的是可为区域中心城市发展经济、打造经济增长极、培育新的经济增长点带来新机遇，产生较大的溢出效应。

## 三、生产服务型国家物流枢纽建设方案

为系统推进国家物流枢纽建设，国家发展改革委协同交通运输部先后出台《国家物流枢纽布局和建设规划》《国家物流枢纽网络建设实施方案（2021—2025 年）》，指导各地科学有序开展工作。对生产服务型国家物流枢纽而言，一般应做到定位准确、选址科学、布局合理、建设有序、运行规范。

### （一）准确的定位

生产服务型国家物流枢纽既要承担国家使命，又要服务产业，还要带动承载城市发展，在定位上必须准确体现自身在这三方面的独有特征。具体而言，在承担国家使命方面，可结合物流枢纽服务国家区域发展战略中的作用，及在全国综合运输和物流网络中的位置找准自身定位；在服务产业方面，可立足物流枢纽辐射范围内的优势制造业门类及战略性新兴产业发展趋势找到自身定位；在带动承载城市发展方面，则必须按照枢纽经济发展范式，在成为城市经济产业发展支撑点、增长极方面进行定位。

### （二）科学的选址

生产服务型国家物流枢纽的选址，既要符合一般国家物流枢纽选址的普遍要求，还要满足生产服务型选址的特定条件。在普遍要求方面，物流枢纽承载城市要依据区域经济总量、产业空间布局、基础设施联通度和人

口分布等，统筹考虑国家重大战略实施、区域经济发展、产业结构优化升级等需要，结合综合交通运输通道和国内物流大通道基本格局加以确定。在特定要求方面，要位于或毗邻制造业聚集区，要具备铁路专用线，周边要有高速公路出入口并可实现有效衔接，条件具备的话还可靠近港口或机场。

**（三）合理的布局**

生产服务型国家物流枢纽须具备制造业物流集成服务、供应链物流服务、区域分拨和配送服务、干线物流服务、多式联运转运服务、国际物流服务等基本功能设施，各功能设施应以连片集中布局为主，集约利用土地资源。除集中布局于物流枢纽主体设施内的基础设施外，一些互补性功能设施若空间条件不具备，可布局于物流枢纽主体设施之外，分散布局必须以功能互补为前提，且原则上不超过两个。此外，生产服务型国家物流枢纽内功能布局不包括制造业发展功能区。

**（四）有序建设**

生产服务型国家物流枢纽建设按照“存量设施整合提升为主、增量设施补短板为辅”的基本原则有序开展，建设重点包括产业服务型公共仓库，对接铁路、航空、水运等干线的转运设施，公路区域分拨配送设施、口岸查验和海关特殊监管设施等①。物流枢纽内建设项目应具有明确的建设主体建设时序、投资规模、资金来源。此外，还应对保障物流枢纽高效运行的集疏运体系进行必要建设。

**（五）规范运行**

生产服务型国家物流枢纽运营必须坚持市场主导原则，由单一企业或以战略联盟合作、资本联合等形成的企业联盟，作为物流枢纽整体运作和资源配置的运营主体。在业务上，要能够提供“干支配仓”、制造业供应链集成等基本服务，以及通关、保税等国际物流相关服务；须具有整合物流各环节、供应链上下游信息的综合性信息平台，为相关企业提供便捷的

① 郑树泉，王倩，武智霞，徐侃．工业智能技术与应用［M］．上海：上海科学技术出版社，2019.

信息服务；还须与其他地区、其他类型国家物流枢纽进行协同，开展网络化物流业务。

## 四、生产服务型国家物流枢纽建设实践——以陕西宝鸡为例

陕西宝鸡位于“一带一路”新亚欧大陆桥和西部陆海新通道战略交汇点，是衔接我国西南与西北地区重要的铁路货运中转枢纽、关中平原城市群重要节点城市、新中国成立以来重点打造的工业重镇和《国家物流枢纽布局和建设规划》明确的生产服务型国家物流枢纽承载城市。为落实国家使命，宝鸡市选取该市综合条件最优越的物流园区为载体，开展生产服务型国家物流枢纽建设，取得了一定成效。

### （一）物流枢纽定位

综合考虑服务国家战略、辐射区域、特色产业和对城市发展的作用，宝鸡市生产服务型国家物流枢纽定位为宝鸡市制造业物流供应链服务平台、关中平原城市群制造业物流组织中心、新亚欧大陆桥上重要国际物流枢纽。

### （二）物流枢纽选址

物流枢纽选定多式联运条件较好、紧邻城市工业集聚区、物流业务运营良好的阳平铁路物流基地和泰华物流中心两个片区共同承载。其中，阳平铁路物流基地片区依托陇海铁路阳平站而建，铁路运输条件极佳，可直接接入陇海铁路干线，距离连霍高速最近的出入口仅 9 公里；泰华物流中心片区位于阳平物流中心西南约 5 公里处，距离连霍高速公路出入口仅 5 公里，南侧毗邻 310 国道。

### （三）物流枢纽布局

物流枢纽总用地面积约 3500 亩，分为两个片区。其中，阳平铁路物流基地设置口岸国际物流区、进口商品展示物流区、车辆服务中心（汽车之家）、商品汽车物流区、公铁联运物流区、铁路集装箱作业区、金属材料供应链物流区、仓储配送区、供应链物流总部、零部件集采集配区、智能公路港 11 大功能区，用地面积约 3000 亩；泰华物流中心设置原材料流通

加工区、汽车零部件仓储区、工业原材料集采集配区、工业原材料总部基地4大功能区，用地面积约480亩。阳平铁路物流基地通过铁路专用线接入干线铁路网，泰华物流中心通过跨渭河公路与铁路物流基地互联互通，协同开展公铁联运业务，在功能布局上实现资源共享共用、业务协同和一体化运作。

**（四）物流枢纽建设**

物流枢纽总体采取政府支持、企业主导的市场化建设模式。宝鸡市在用地保障、财税等方面均给予大力支持，西安西铁物流有限责任公司、宝鸡华誉物流股份有限公司和陕西泰华物流产业有限公司开展相关基础设施建设。其中，阳平铁路物流基地已经完成了集装箱作业区、商品汽车物流区等功能区建设，累计完成投资11.7亿元。泰华物流中心汽车零部件物流等功能区全部建成，累计完成投资7亿元，合计已完成投资18.7亿元。后续补短板新建项目正有序开展。

**（五）物流枢纽运行**

物流枢纽由西安西铁物流有限责任公司、宝鸡华誉物流股份有限公司和陕西泰华物流产业有限公司组建运营联盟，通过资源共享、功能互补、业务协同来共同运营，致力于构建连接区域、服务全国、融入“一带一路”的“干支配”业务网络，搭建制造业供应链云平台，形成国际国内双向辐射。同时，宝鸡生产服务型国家物流枢纽主动加入国家物流枢纽联盟，以铁路干线方式连接成都、重庆、西安、郑州、武汉、贵阳等陆港型国家物流枢纽，以铁海联运方式连接连云港、天津、宁波、深圳、钦北防等港口型国家物流枢纽，以国际铁路联运方式连接阿拉山口、二连浩特、满洲里陆上边境口岸型国家物流枢纽，开展国家物流枢纽间协同运营。

# 第三节　支持大型工业园区建设物流配套基础设施

## 一、我国工业园区的发展

改革开放特别是20世纪90年代以来，我国工业园区建设进入高速发展时期，各个地区根据自身特点和原有产业基础建设和发展各类经济技术开发区、高新技术开发区、工业园、保税区、软件园等。所有这些园区尽管名称各不相同，偏重产业也各有特点，其基本建设目的和运作方式却有共性，都是通过人为的规划设置一定区域，辅之一定的配套设施和服务并提供一系列的优惠政策以期更好地吸引资金，发展当地生产力。

最初的工业园区，主要是利用国家和地方赋予的特殊政策优惠，依靠当地原始的产业集聚基础，通过最基本的基础设施建设，如设立孵化基地、兴建管理中心等，以成本优势吸引资金，从而高效利用生产要素以进一步推动地区的产业集聚，推进区域特色经济。高等院校及科研单位附近的软件园、生物园，港口码头附近的物流园区就是最好的例子。加入WTO以后，随着我国经济整体质量的提高和全面的改革开放，各地优惠政策不断趋同，工业园区的政策优势逐渐下降，国内和国际的市场竞争愈发激烈。经济的全球化要求城市工业园区完全融入生产、贸易的全球体系，摆脱过分依赖政策优惠的形势，直接参与国际产业竞争。因而，工业园区必须通过更完备的服务和配套设施来增强自身的核心竞争力，以吸引资金。

工业园区的物流服务作为配套服务的重要一环，日益引起国内各类工业园区的重视。我国的工业园区物流建设目前发展较不平衡，一些由产业集聚逐渐演变而来的工业园区由于原始的物流基础较好，已经形成了一套适合产业、地理特点的物流服务系统；而有些园区由于本身地理位置特殊，原始地区的企业基础薄弱，物流服务基本还处于无序状态，或者说物流活动还只是企业自身行为，工业园区尚未起到应有的作用。

目前我国的工业园区按物流活动的特点主要可分为大型生产型工业园区、知识密集型高科技园区和特色产业工业园区三类，具体特点如表 5-1 所示。

**表 5-1　　工业园区按物流活动分类表**

| 园区分类 | 大型生产型工业园区 | 知识密集型高科技工业园区 | 特色产业工业园区 |
| --- | --- | --- | --- |
| 工业园区概况 | 由大型工业基地发展而来，原始产业基础良好，支柱产业为主，如汽车城等 | 一般位于高校和科研单位集中的城市和地区，原始基础良好，如高校附近的软件园、生物园等 | 地区特色产业为基础，由产业集聚演变而来，类型多样且发展水平不一，如某些服装城、农业园等 |
| 园区基本特点 | 园区内企业数量往往不多，但规模较大 | 园区内企业数量较多，企业研发与生产并重 | 园区内企业往往构成完整产业链 |
| 园区物流活动特点 | 园区内企业一般具有成熟的业内物流，且物流活动复杂、专业性突出 | 园区内企业以依靠第三方物流服务为主，物流活动相对简单 | 园区种类不同，其物流特点亦不相同，一般园区内企业间的物流活动频繁 |

## 二、我国工业园区现有物流状况

### （一）国家和地方政府都重视物流业的发展

作为推进城市化进程和发展区域特色经济重要途径的工业园区，其内部企业众多，园区物流服务的成熟与否关系到能否更好地吸引新资金注入，是能否增强园区经济活力的关键所在①。对一些新建设起来的工业园区，光靠政策上的优惠措施已无法吸引更多的企业入驻。建设完备的配套服务、帮助企业在园区内更好地实现自身的供应链管理目标、节约流通成

① 孙晓波．供应链网络嵌入第三方物流与制造企业发展战略［M］．北京：中国经济出版社，2021.

本才是增强工业园区吸引力的关键。好在目前很多园区在建设之初都已经对物流服务加以重视。

**（二）目前我国工业园区的物流服务总体水平不高**

虽然园区内企业也可能具有成熟的物流体系，但这只是企业的自身行为。部分工业园区缺乏相配套的物流服务或缺少第三方物流企业的引入。即使有物流公司的介入，也完全是企业与企业间的活动。在业务量少、物流活动简单时，这样做足够应付且较为灵活，但对物流活动频繁、规模宏大的工业园区而言就会显得混乱且效率低下，不利于长远发展。偶尔也会出现园区建设完，引进一定的资金然后就撒手不管的情况。这样的园区除了物流服务以外，其他配套设施也非常薄弱，企业无法在其中获得更大的运营优势，因而工业园区的生命周期较为短暂，无法持续发展。

**（三）不同的工业园区物流发展水平不平衡**

以产业集群为基础演变而来的工业园区情况相对较好，因为这些地区在园区建成以前就有良好的物流基础，园区建立后很快会形成自己的物流模式，且通过逐步将仓储等某些供应链环节置于园区特定地区，成为园区功能的一部分，进一步降低了物流成本，提高流通效率；而以政府行政性指令划定的园区，其本身位置常常并不具有交通优势，这种先天的不足如果未得到充分重视将会是致命的缺陷。合格物流服务的欠缺往往会使这类工业园区无法长远健康地发展。这种例子在国内并不鲜见。

**（四）信息化水平低**

高科技信息化是现代物流业的一大特色，国内很多工业园区缺少统一的物流信息控制中心，无法对园区内的物流活动实行有效跟踪和控制，无法及时共享信息，造成流通过程的低效混乱。

## 三、发展工业园区物流配套基础设施的建议

**（一）根据实际情况，建设配套的物流基础设施**

在工业园区建设时就应该掌握当地的地理特点，以及将来园区内的产业特点，了解当地已有的物流运作情况，根据实际情况，建设配套的物流

基础设施。物流的表现形式是物资流、信息流和资金流的有机结合与统一，它的发展必须依赖于必要的硬件和软件设施作保证。从硬件看，园区有必要建立一定的仓储基地和分拨中心，将部分物流环节置于园区统一地点完成，完善园区周围的交通运输网络①。从软件看，要发展现代化的信息管理网络，应通过建立信息平台，实现对园区内整个物流过程的预告、跟踪、查寻及信息反馈，实行全方位服务。当前物流业正向高科技、现代化和信息化发展，信息管理技术在很大程度上决定了物流的质量、效率和效益。

**（二）要根据园区内企业的特点，提供合适的物流服务**

对大型生产型工业园区而言，园区应积极与企业配合，帮助企业完成部分仓储、分配等环节，建立信息平台，与企业实现资源共享，保障企业自身的物流活动流畅；对知识密集型高科技工业园区而言，园区应合理引入第三方物流企业并指导其提供有针对性的物流服务，逐步培养适合本园区特点的物流服务，例如某些化学产品的特殊运输等。园区也可以与物流企业合作，将部分环节置于园区中完成，以提供效率、便于管理；对特色产业工业园区而言，园区可以组建自己的物流公司服务于园区内企业间的物流需求，这时，建立统一的园区物流中心就更为重要了。

**（三）引入竞争，健康发展**

竞争的环境对提高效率至关重要。工业园区内物流的发展应提倡有序的竞争。要避免出现两个极端：一是园区内物流业务的不正常垄断，某些地理位置特殊、企业规模相对较小而物流活动频繁的工业园区一旦出现物流业务非正常垄断，往往导致企业运营成本上升，且物流服务水平也会不断下降；二是为争夺市场而产生的恶性竞争，物流公司之间为了争取客户往往不惜违反国家法规，在运输、仓储等方面忽视安全以节约成本，这种竞争最终只会损害园区内企业的利益，同样不利于园区的发展②。因此，

---

① 弓宪文. 物流业与制造业的产业融合及协调发展［M］. 北京：光明日报出版社，2021.

② 张泽群，朱海华，唐敦兵. 基于物联技术的多智能体制造系统［M］. 北京：电子工业出版社，2021.

有必要创造公平竞争的市场环境，健全园区内物流的运行体系和规则，维护信用和秩序，使园区内的物流服务企业在利益刺激和竞争压力下产生改善经营的动力。

**（四）加强园区之间的合作和联系，建设地区物流管理中心**

沿海地区由于在交通运输上的先天优势，各类工业园区相对密集。这些园区并不是独立存在的，它们之间存在频繁的信息、物资交流，现代化的物流管理中心能很好地满足这一需求。物流管理中心的建立不仅有利于当地工业园区的物流发展，也有助于全面提高当地的物流水平，增强地区竞争力。

工业园区是推进城市化，现代化的重要载体。只有在政策、硬件设施以及配套服务上具有独特吸引力的工业园区才可能成为真正的企业乐园。物流作为现代企业运营的重要一环，必须在工业园区建设的同时给予足够的重视。

# 第六章

# 物流业与制造业的业务流程融合

# 第一节 推动制造企业与第三方物流企业合作

## 一、制造业企业的第三方物流模式

### （一）第三方物流的内涵

第三方物流是指生产经营企业为集中精力搞好主业，把原来属于自己处理的活动，以合同方式委托给专业物流服务公司，同时通过信息系统与物流服务公司保持密切联系，以达到一种新的物流管理与运作方式，即对物流全过程的管理与控制。

### （二）第三方物流的优点

物流外包的优越性在现在竞争逐步激化以及社会分工逐渐细化的大背景下非常显著，具体表现为如下几点。

1. 企业可以更加专注于关键性业务

企业资源的有限性，使得企业在其业务上要做到面面俱到非常困难，所以企业更应该把物流等辅助功能外包给物流公司，将主要资源集中在自己所擅长的关键性业务上。如泰山工程机械股份有限公司的工厂，其主营业务是汽车制造，把物流事务外包给泰安长城物流公司，由其管理所有物流事务。泰安长城物流公司通过电子数据交换订购零部件，同时把信息发送给泰山工程机械股份有限公司的工厂。泰安长城物流公司接洽供应商，将零部件运到泰山工程机械股份有限公司的工厂，再将成品汽车运到经销商处。为了降低运输成本，使其达到最小化，泰安长城物流公司从分布在不同地区的供应商处进行必要的小批量采购，并使用特殊的决策支持系统来有效地规划路线。通过双方的通力合作，取得了良好的效益。

2. 提高顾客服务的多样性，为客户创造更多的价值

如果企业是原材料供应商，为了给客户快速地补充货源，企业必须在

客户所在地区设立仓库。而现在，企业可以通过第三方物流的仓储服务，轻而易举地满足客户这一需求，而不必为建造新设施或长期租赁房屋而调拨资金，并减少了在经营灵活性上的限制①。假设企业是最终产品的供应商，通过第三方物流公司，企业既可以向最终客户提供超过自己能力范围的服务品种，又可以给顾客带来更多的附加价值，以提高客户的满意程度。

3. 充分利用新技术降低成本

随着科学技术的不断发展进步，专业的第三方物流供应商可以不断地更新信息技术和设备，但一般的单个制造企业却很难在此方面及时更新资源或技能。同时，第三方物流供应商还可以满足一家企业潜在顾客的需求，把企业与零售商紧密联系在一起。

4. 固定资产的投资减少，使资本周转的速度加快

自营物流要求在物流设备、仓库和信息网络等方面投入大量的资金。对资金的高要求导致很多企业，尤其是中小企业，普遍缺乏资源。若使用第三方物流公司，则一方面可以减少投资，另一方面减少相关方面资金占用，加快资金周转的速度。

当然，我们还要看到，第三方物流虽然给企业提供了一些便利，但也给企业增添了一些问题。主要体现在以下几点。

（1）服务的质量不能得到保证，与企业之间的长期关系不稳定；

（2）物流职能不能由企业直接控制，有时无法完全按照企业要求对物流进行专业的调整；

（3）供货的准确性和及时性不能得到保证等。

采用第三方物流，割断了企业与客户的直接交流，淡化了两者的联系，有时甚至会产生一些摩擦，还可能导致在客户心目中的地位被第三方物流所取代。

---

① 金阳．民族地区制造业集聚问题研究［M］．北京：经济科学出版社，2020.

## 二、制造企业与第三方物流企业合作的优势

### （一）专业化的服务

通过专业化的发展，第三方物流公司大多已经开发了信息网络并且积累了针对不同物流市场的专业知识，包括运输、仓储和其他增值服务。许多关键信息，如可得卡车运量、国际通关文件、空运报价等通常是由第三方物流公司收集和处理。对于第三方物流公司来说，获得这些信息方便而经济，因为其费用可以分摊到很多的客户头上。对于非物流专业公司来讲，获得这些信息和专长的费用就会非常昂贵。

### （二）拥有规模经济效益

由于拥有较强大的购买力和货物配载能力，一家第三方物流公司可以从运输公司或者其他物流服务商那里得到比其客户更为低廉的运输报价，可以从运输商那里大批量购买运输服务，然后集中配载很多客户的货物，大幅度地降低单位运输成本。

### （三）为企业减少物流资金投入

通过物流外包，制造企业可以降低运输设备、仓库投资和其他物流过程中所必需的投资，从而改善公司的赢利状况，把更多的资金投在公司的核心业务上。许多第三方物流公司在国内外都有良好的运输和分销网络。希望拓展国际市场或其他地区市场以寻求发展的公司，可以借助这些网络进入新的市场。

### （四）资源优化配置

第三方物流企业还能使企业实现资源优化配置，将有限的人力、财务集中于核心业务，进行重点研究，发展核心技术，努力开发出新产品参与世界竞争；为企业节省费用，减少资本积压，减少库存，提升企业形象。第三方物流提供者与顾客不是竞争对手关系，而是战略伙伴关系。他们为顾客着想，通过全球性的信息网络使顾客的供应链管理完全透明化，顾客随时可通过互联网了解供应链的情况。第三方物流提供者是物流专家，他们利用完备的设施和训练有素的员工对整个供应链实现完全的控制，减少

物流业务的复杂性。他们通过遍布全球的运送网络和服务提供者（分承包方）大大缩短了交货期，帮助顾客改进服务，树立品牌形象。第三方物流提供者通过“量体裁衣”式的设计，制订出以顾客为导向、低成本高效率的物流方案，为企业在竞争中取胜创造有利条件。

**（五）第三方物流公司拥有信息技术（WSM 软件管理系统）**

许多第三方物流公司（如成都润宝物流 WSM 仓储管理系统）与独立的软件供应商结盟开发了内部的信息系统，这使得他们能更高效准确地提供所必需的报表和进行其他相关的增值服务。与合适的第三方物流公司合作可以使得企业以最低的投入充分享用更好的信息技术。

## 三、制造企业与第三方物流企业合作实例——上海大众汽车

上海大众汽车是国内规模最大的整车企业之一。精益效率以及对于汽车行业的动态跟踪分析使得上海大众汽车一直处于领导者的地位，这其中，上海大众汽车实行的物流外包策略功不可没。

随着车型的不断丰富，原有的物流技术及信息管理系统已经滞后于快速发展的业务需要，上海大众汽车通过整合供应链上下游，并把最具增加值的制造研发作为企业主要抓手，外包物流等业务，拉伸企业价值创造，把包括零部件入场运输、仓储及送料上线在内的所有操作性物流全部一体化外包，经过对第三方物流企业的物流方案与服务价格的全方位分析与比较，选择可以与之进行战略合作的第三方物流企业，即增加战略合作关系对双方企业的影响系数 $\alpha_1$、$\alpha_2$，架构出供应商、服务商、上海大众汽车三位一体的服务模式，新的服务关系将更有利于职责的划分与承担。并且第三方物流企业的管理绩效定期接受上海大众汽车各项指标的考核，考核情况将与付款直接挂钩，这样，将利润向第三方物流企业倾斜，使得第三方物流企业能够更好地为上海大众汽车物流服务，实现双方企业的共赢。

经过与第三方物流合作，上海大众汽车物流成本得到了很大程度上节约，例如：运输物流作为物流系统中一个重要的基本功能环节，占据着物流成本的一大部分，物流外包以前，上海大众汽车零部件的入场运输均由

供应商自行负责，车辆利用率低、缺乏有效的整体运输控制，运费的居高不下；运输车辆型号繁多，绝大多数的供应商车辆不符合要求，不能有效控制运输质量和降低质损率。第三方物流企业协同上海大众汽车对运输进行规划后，计划逐步提高零部件运输的直接供货比例，这不仅有利于降低上海大众汽车的仓储成本，而且能够很好地适应柔性化生产对汽车物流及时性、多样化的要求。

## 四、制造业企业与第三方物流业企业信息共享

制造业企业与第三方物流业企业信息共享是指通过 EDI 电子数据交换、VAN 增值网络、GIS 地理信息系统、GPS 全球定位等现代信息技术与因特网的综合应用，使得采购计划、生产计划、运输计划、销售计划、在途货物的实时状况等信息在制造业企业和第三方物流业企业间透明化，从而降低信息不对称性，实现信息准确传递，保证制造业企业与第三方物流业企业拥有及时可靠的信息，确保达到物流外包服务绩效。

### （一）意义

1. 有效缓解供应链上的“牛鞭效应”

“牛鞭效应”是供应链上需求变异放大（方差放大）的现象，很多学者将其称为“需求变异加速放大原理”。它指的是信息流从最终客户端向原始供应商端传递时，无法有效地实现信息的共享，使得信息扭曲而逐级放大，导致了需求信息出现越来越大的波动。在一条供应链上，制造企业将销售物流业务外包时，制造企业位于供应链上游，直接面对零售商或最终顾客的第三方物流企业位于供应链下游。上下游企业之间的信息共享程度影响到整个供应链的顺畅运转。如果出现信息不对称的情况，最引人注目的后果就是“牛鞭效应”。但如果相对位于供应链下游的第三方物流企业愿意与上游制造企业共享市场需求的准确信息，就能有效地遏制“牛鞭效应”造成的危害，有利于制造企业准确把握顾客需求，制订正确的销售和生产计划，创造更大的价值，并巩固双方合作的稳定性。

2. 确保随时掌握物品实时信息

在瞬息万变的市场环境下，原料的准时运达是制造企业生产计划得以顺利落实的关键，同时产成品的准时运达是制造企业满足客户服务要求的重要组成要素。制造企业将物流业务外包后，需要对物流运作的动态信息进行全程跟踪管理，在第一时间与第三方物流服务商共享物品的在途信息，确保在动态的市场环境下准确及时地供应物资，达到预定的物流绩效。上海通用汽车有限公司是迄今为止中美最大的合资公司之一，零部件在全球范围采购。中远集团下属的中国远洋集装箱运输有限公司（简称中远集运）是上海通用的第三方物流承运商①。上海通用采用零库存流水线生产，基本不设仓库，运输船舶依靠码头，汽车零部件一经卸下立即拉到工厂上流水线，为了保证生产的顺利进行，中远集运在承运上海通用的运输装置上安置了全球 GPS 卫星定位系统，实现对运输过程的全程跟踪，并与上海通用信息共享，以达到对上海通用零部件的即时控制，实现了零部件供应和生产过程的平滑衔接，提高了物流效率。

**（二）提高“两业”信息共享程度的途径**

1. 订单激励与价格折扣

在供应链上，更多的市场份额往往意味着更多的机会和更大的赢利空间，因此制造企业可以通过订单激励，对于愿意信息共享的第三方物流企业给予更多的订单和更大的业务量来鼓励第三方物流企业共享信息。而第三方物流企业可以通过价格折扣，对愿意提供信息共享的制造企业给予更优惠的服务价格，来激励制造企业信息共享。

2. 股权互换激励

股权互换激励是指合作企业在一定程度上互换各自的股权，使信息共享所得利润能得到合理的分配，从而实现共担风险，共获收益。这种方式是在不影响各企业股权分配的情况下才能够实施的。如果制造企业和第三方物流企业的合作具有长期性和战略性，双方就可以进行企业股权的等价

① 弓宪文．物流业与制造业的产业融合及协调发展［M］．北京：光明日报出版社，2021.

交换，这样就使双方的利益具有一致性，从而增加企业之间的信任程度，对信息共享就更容易，也更放心，促使企业不仅仅考虑自身谈判优势，而更多考虑合作企业总体利益和共同发展，从根本上激励信息共享。

3. 加快建设现代物流信息处理通用平台

对我国企业来说，面临的普遍问题是大多数企业之间的信息系统兼容性太低，是相互孤立和静态的。因此应遵循联合共建、优势互补原则，加快建设适合我国特点的现代物流信息处理通用平台，减少信息共享成本，促进更多企业参与信息共享。应以用户为中心，以市场为主导，搞好顶层设计，充分利用现有的信息基础设施，通过建设通用平台整合资源，提高信息资源综合利用率，减少信息资源的交叉采集和数据库重复建设的花费，从而降低花费成本，使信息共享切实可行。

## 第二节　加快发展高品质、专业化定制物流

### 一、定制物流的定义

定制物流（Customization Logistics），是物流服务提供者针对客户需求的差异性，视每一位客户为一个单独的细分市场，设计专门的物流服务模式来满足客户的特定需求。由于客户的企业规模、产品性质等特征的不同，客户对物流服务的需求也不同，在降低库存水平、提高市场反馈速度、追求最小不确定因素等方面都会存在差异。同时，物流企业的经营观念也在逐渐从减少复杂性和节约成本转向提高服务收入和争取高的边际利润。

定制物流以客户服务为中心，通过提供独特的物流服务方案来满足客户需求。其不足之处是：由于物流服务提供者将每位客户作为一个单独的细分市场，分别提供不同的物流服务，其物流服务方案的设计和实施是一个庞大的工程，无论是厂商自营物流还是第三方物流都将面临管理客户、

为客户服务、维护客户关系、评价物流业务绩效等诸多问题，物流活动的开展难以产生规模经济效应，致使物流总成本过高①。

## 二、物流业与制造业融合加快发展高品质、专业化定制物流的案例

### （一）货拉拉“定制城配”服务

传统的多点配送服务难以匹配高质量、高效率的运输需求，在运力补充、标准服务都存在着不少的问题，由于多点配送的路线管理复杂多变，往往在不成熟的司机团队中会出现诸多问题，在一定程度上对在物流供应链端管理造成困扰。并且，在现在的货主方需求中，不能满足提供专用发票的服务，也没有购买保险对运载的货物进行保障。

货拉拉所提供的“定制城配”，解决了传统多点配送服务中的痛点。整合线下资源，把线下需求挪到线上，为企业降本增效。货拉拉“定制城配”已经制定了完善的SOP服务流程，并且在此操作流程中，对每个时间段都进行了细化，以确保将货物及时送到目的地。每个流程和步骤都有严格的时间限制，保障每条配送线路正常运行，并为紧急情况和响应需求预留了足够的时间。此外，SOP流程还为管理员提供了监视车辆状态的可能。例如，在驾驶员到达城市仓库后，需要对车身进行拍照和检入。类似地，在完成所有交付后，还需要保留车身照片。

货拉拉“定制城配”采取的是更灵活的报价模式，能够提供多种车型报价，实现货多用大车、货小用小车的高效配置。不仅如此，“定制城配”能够提供专用发票，降低货主方的用车成本、提升财务工作效率。除此之外，每笔订单额外会赠送价值5万元的基础保障，并增加个性化增值服务，配备专属客服团队。

货拉拉企业版是专为企业用户打造的货运用车平台，一直致力于技术创新和精细化运营，提供高效的车货匹配和优质的服务，拥有覆盖全、灵

① 程晓华．制造业全面库存管理［M］．北京：北京理工大学出版社，2020.

活用车、快速响应、全局管控、快捷开票、运输保障等优势，深受企业用户青睐。

### （二）跨越速运——为汽配寄送打造定制化物流运输方案

精准的物流配送是关系到企业经济效益的重要环节，在汽配行业，每一分钟的货物配送延迟都将带来巨量的经济损失。因此，选择一家靠谱、安全的物流商成为汽配行业头等问题。作为一家以“时效制胜”为宗旨的国家 5A 级物流企业，跨越速运已经为数以万计的汽配客户提供了高效优质的物流服务，其定制化的物流运输服务满足了汽配客户的个性化运输需求。

对于分秒必争的汽配行业来说，货物配送延迟带来的经济损失是不可估量的。在一些世界级的汽车生厂商那里，他们每一分钟的零配件的交付延迟，零配件供应商要承担大约 6000 元人民币的停产成本，如此累积一小时，供应商要承担的损失将是非常巨大的①。因而最佳物流选择是汽配行业的一个长期未解决的痛点。

据了解，现在汽配行业的市场竞争相当激烈，将库存成本控制在合理的范围内对汽配商来说非常重要——整个汽配物流运输链条通常很长，如果中途出现了突发状况不仅会影响交货也会影响企业的库存成本。这个问题在汽配商找到跨越速运之后得到了完美解决。跨越速运提供的一对一客制化服务给汽配商定制了成本最佳的物流运输方案，同时它们能够实现整个物流运输环节的可视化。这样就能使整个复杂物流运输链条上的各方能实时沟通，客服实时跟踪货物在途状况，遇到突发状况可以及时应对，从而最大程度地减少了经济损失，提升了配送的时效性。

作为 5A 级物流企业的跨越速运一直以“时效制胜”为宗旨，并率先提出了“限时速运”的差异化运输服务。这都是基于跨越雄厚的物流实力：5 万余名员工、13 架货运专机以及 1.7 万台运输车辆，还联合了中国航空、南方航空、东方航空和上海航空等国内 10 余家主要航空公司达成战

① 骆温平．制造业与物流业联动的物流服务创新研究［M］．北京：经济科学出版社，2019.

略合作，仅在华南地区便抢占了70%的航空腹舱资源，形成了强大的运输团队。在北京、上海、天津、浙江、江苏等二十几个省市设立分公司，网络遍布全国32个省500多个城市，直营网点达3000多家。强有力的运力保障，在最大程度上保障了企业寄件的时效性。对于分秒必争的汽车零配件行业，跨越速运是高效物流服务的不二选择。未来跨越速运还会进一步提高服务水平，为更多的汽配行业客户解决燃眉之急。

**（三）京东推出物流定制化服务**

早在2017年4月，在广州举办的京东物流供应链无忧·华南商家大会上，京东商城华南区域分公司物流开放业务部的负责人就正式宣布：京东将对使用京东物流的第三方商家，针对不同行业特点，甚至不同企业特点，提供仓储、物流、配送等物流全链条的定制化服务。

针对消费品、3C、大件、服装、生鲜等不同行业的特点，京东量身定制分别推出了不同的服务方案。其中，对消费品企业，京东提供商品保质期全程监控和管理。而3C行业，京东则采用了针对高值、序列号细致管理的体系。在大件的解决方案中，着重提供大家电、家居家装、运动健身等产品仓、配、安一体化的服务。对服装行业则有了多地备货逻辑和淡旺季的运营策略。而对生鲜企业则在冷链物流上提供了更周到的全程温控的多温层冷链物流产品，对蔬菜水果、海鲜、冷冻等生鲜食品开通了优先配载的单独通道。

# 第七章

# 物流业与制造业的标准规范融合

# 第一节 加强物流业与制造业标准规范协调衔接

## 一、物流业与制造业标准规范协调衔接运作理论

### （一）协同的内涵

根据协同学的创始人哈肯教授的观点，协同（Synergy）就是在系统中多个子系统互相协调、同步或合作的集体行为，是系统相关性与整体性的内在体现。

所谓复杂系统的协同性，是指在复杂系统中，各子系统及构成要素之间具有合作、互补、同步等多种关系，并且，正是因为这些关联关系，使复杂系统呈现出的协同结构和状态。这种关联关系呈现出一种动态的协同关系。即通过系统的动态调节机制来表现复杂系统的协同性，因而“协同”一词有通过协调达到同步发展的意思，是手段和目的的结合。协同是以实现系统总体的演进目标为目的的，是动态的；是以各子系统及构成要素和各项工作在实现系统目标过程中相互适应、相互配合、相互协作、相互促进为条件和要求的；是对系统的各种因素和属性之间的动态相互作用关系及其程度的反映。只有把为达到目标而耦合在系统内部的各子系统、各构成要素及各项工作的关联关系搞清楚，系统的协同才能实现①。世界上各种事物的存在和发展都是以其内部构成比例协同为前提条件的，所以说，系统演进的动因和动力是协同。

### （二）协同的类型

复杂系统的协同与系统的方方面面有关，具体表现在系统的目标、结构、功能、管理、内外部方面的协同。

---

① 李松庆．制造业与物流业的联动发展研究［M］．北京：经济科学出版社，2018.

目标协同是指系统协同的表现和目的，为最大程度的实现总目标，它通过复杂系统的各种反馈机制，使其总目标与子系统目标之间具有合目的性。

结构协同是系统正常运转所必需的协同。它反映了系统与构成要素之间，在时间和空间上，可以有机结合、相互渗透，同时可以相互制约，且关联作用强弱适中。

功能协同是系统总体协同的具体体现，通过子系统功能的最佳组合，以达到最小的负效应和最大的整体功能。复杂系统的总体功能是通过子系统的功能实现的，虽然子系统的功能和特征不同，重要程度不一样，但任何一个子系统的功能都将影响整体功能的发挥。

管理协同反映系统管理中各项管理制度、方法、措施和手段的协调一致性，管理导向与系统目标的一致性。管理协同影响到系统管理体制的协同一致性和管理工作的效率及正确性和有效性，是系统实现协同的手段和保证。

内部与外部协同。任何系统都处在一定时间与空间的环境之中，与外界存在着多种多样的关联，当这种关联受到阻碍时，将影响复杂系统内部的正常运转。因此，系统必须具有较强的自适应机制，以维持其发展与外部环境相适应，并利用外部环境促使其演进，达到内外的协同。

**（三）制造业与物流业标准规范协调衔接运作的理论范畴**

1. 交易费用理论对制造业与物流业协调衔接运作的解释

交易费用理论是西方经济学的分支之一，以交易费用的节省为核心。威廉姆森认为，影响交易费用的因素有三个，即资产专用性、交易发生的频率和交易的不确定性，最主要的因素是资产的专用性，还有它造成的机会主义行为。

纵观交易全过程，制造业与物流业的协调衔接运作，不仅可以减少费用、降低风险，还可以消除因交易频率高而带来的负面影响。依据交易主体行为看，制造业与物流业协调衔接运作可以促使伙伴之间的“组织学习”，并且可以进一步提高两方对不确定性环境的认识能力，还可以减少交易费用，同时抑制了两方机会主义行为。由于一次性的背叛和欺诈，在长期合作中将带来“针锋相对”的报复和惩罚，并且面临着逆向选择的沉重代价，这就可以最低限度的控制交易双方机会主义行为带来的交易费用。依据交易特性看，资产专用性越高，就会有越多的“不可收回的成本”，所以可以看出，交易双方保持持续的契约关系具有很重要的作用。因而制造业与物流业必须选择建立长期关系以及“共同占有”专用性资产①。总地来说，制造业与物流业的协调衔接运作就是两个行业在能力上的互相补充，并形成一种相互依赖的关系，这也就是威廉姆森所说的“双边依赖”。

2. 博弈论对制造业与物流业协调衔接运作的解释

所谓博弈论，是指在经济学中，用于研究在既有冲突又有合作的情况下，理性经济人在成本收益分析之后的决策行为理论。从实质上讲，制造业和物流业是否合作属于双方的博弈问题。当博弈只进行一次，每个参与者都只在意短期利益，也就只考虑一次性的收益，如果给予背叛者的惩罚很小，则博弈双方合作的可能性亦很小，这就是所谓的“囚徒困境”。一种解决此问题的有效途径是重复博弈，因为在多次博弈后较容易合作。多次交易与一次性交易不同之处在于，交易双方通过多次经济往来，可以充分了解对方的信息从而建立信任关系。

3. 组织管理理论对制造业与物流业协调衔接运作的解释

组织管理的基本原则是有效跨度原则和精简原则。制造业实行自营物流，就是企业在自身的组织机构中增加物流部门。企业根据自身的组织机构特点，可能会将物流部门归入已有的管理部门，也可能会把它设置为新的管理部门。前者可以增加企业组织的管理层级，拉长企业的管理链条，后者可以使管理部门的数量增加，变宽上一级的管理幅度，这两种方式都将降低企业管理的效率。因而制造业应该尽量减化它的组织结构，尽可能多地把物流业务外包给第三方物流企业。

---

① 骆温平. 制造业与物流业联动的物流服务创新研究［M］. 北京：经济科学出版社，2019.

4. 核心竞争力理论对制造业与物流业协调衔接运作的解释

所谓核心竞争力，是指企业所独自拥有的，可以支撑企业持续发展的核心能力。在物流方面的专业能力及在物流资产、设施、设备、物流人才上的优势，是物流企业的核心竞争力。但制造业的核心竞争力不是在物流方面，所以，制造业要想在激烈的市场竞争中生存，且提升自身的核心竞争力，就必须把非核心的物流业务外包出去，以至可以得到专业物流公司的物流能力，即物流公司的核心竞争力。

## 二、制造业与物流业协调衔接运作的理念

制造业与物流业协调衔接运作的理念主要体现在以下几个方面。

1. 制造业与物流业协调衔接运作的源泉在于互惠互利

协调衔接运作原本是指在生物界中，两种生物之间相互利用、相互依存地生存在一起，缺少任何一方都将不能生存的一类种间关系，是生物之间相互关系的高度发展。近年来，伴随制造业的迅猛发展，制造企业对物流的需求日益增强。在此背景下，制造业迫切希望和物流业实现衔接运作，进而降低其产品物流成本，提升流通效率。而从物流业方面而言，其本身是一种“寄生产业”。在制造业迅猛发展的今天，物流业将制造业作为重要的“寄生宿主”之一，势必能快速推动自身的发展。因此，物流业也迫切希望和制造业实现衔接运作。

2. 制造业与物流业的协调衔接运作模式是协同优化的过程

从两者的发展历史来看，通过协调衔接运作，不仅可以互惠互利、加快发展，而且反过来促进两者之间物质、信息等方面的全面交流，从而产生螺旋上升的趋势，从而保持企业的自身健康，不断增加企业效益，利于长远发展。

3. 制造业与物流业的协调衔接运作动力是产业融合的发展趋势

由于社会分工的不断深化，加深了物流专业化的程度，同时也拓展了制造业的专业化程度。主要体现在两方面：第一，相比于专业物流企业，物流显然不是制造企业的核心业务，如果从考虑企业核心竞争力和专业化

分工的角度出发，把物流服务外包给专业的物流服务公司有利于企业的长远发展；第二，物流的外包也对专业物流服务公司提出了更高的要求，从而促进物流市场的迅速发展。

4. 制造业与物流业的协调衔接运作界面是融合互动的桥梁

制造业中许多先进企业将大量的非核心业务从企业剥离出来，将之外包给专门的物流企业，物流企业在为制造业提供专业化服务的同时，两者之间形成互动，促进了产业融合。制造业与物流业之间的这种互动融合关系，从实质上讲就是协调衔接运作的关系，将市场体系、法制体系、政府支持体系和社会服务体系融入了其中。

## 三、制造业与物流业协调衔接运作的发展途径

1. 使产业关联进一步加强，协同协调衔接运作单元

产业集群系统的协调衔接运作单元即制造业和物流业，制造业应当采用“主辅分离”的方式，逐步地推进制造业企业内置服务的市场化、社会化，促使产业链向物流业衍生，在产业链上加快形成物流业功能群。引入相关的物流业，促进物流业功能群的形成。同时，物流业也应积极发挥其核心服务功能，对社会资源进行有效整合，加强其集成物流服务的能力，实现供应链的一体化服务。在产业政策上，政府应制定一系列鼓励现代物流服务业发展的政策，对歧视性的政策和限制进行修改和取消；注重经济的协调发展，对区域经济发展进行指导，制定并实施两产业的区域规划和区域政策；政府应鼓励区域协作，从而形成联动式的并且能够充分发挥物流业辐射功能的发展模式。

2. 使产业集群度提升，创造协调衔接运作环境

鼓励先进的制造企业围绕核心产业有针对性地吸引现代物流企业，将原有单纯的制造业集聚改造成为具有先进制造与现代物流功能的价值链集聚。通过两产业的互动来加强产业关联，从而形成制造业的聚集以及提供相应服务的物流园区，尽量降低制造业服务外包的风险，实现两产业的无缝对接。

3. 对产业资源进行有效整合，完善协调衔接运作模式

在制造业占主导的产业群中，两类产业在规模以及能力上都具有很大的差距，即当 $\delta<1$（$\delta$ 为物流业对制造业生产总值的贡献率）时，物流业对制造业的产出贡献较小，制造业对物流业的依赖程度也较小，此时，制造业企业应对物流企业提供更大的支持，通过对物流服务业的整合使两类产业之间的供需链进一步优化协调。虽然物流业对制造业的促进作用不大，但优化了制造产业供需链，降低了物流成本，对整体的涌现效应具有重要意义。当 $\delta=1$，表示物流服务业对制造业企业的贡献逐渐变大，两者对于彼此的贡献在最终将逐步变小，直至接近于零，从而使得产业协同发展达到平衡状态，形成对称性互惠协调的运作模式。

4. 进一步加大产业创新，实现协调衔接运作价值

通过制造业技术的创新和物流业人才的培养来实现产业的创新。运用高新技术改造提升物流服务业，加快实现管理信息化。通过提升资金、人才、技术、信息等要素能力，加快产业创新的速度，实现制造业与物流业协调衔接运作价值。

## 第二节　支持社会团体研究制定“两业”融和发展的团体标准

### 一、团体标准的含义

国务院印发了《深化标准化工作改革方案》（国发〔2015〕13 号），其改革措施中指出，政府主导制定的标准由 6 类整合精简为 4 类，分别是强制性国家标准、推荐性国家标准、推荐性行业标准和推荐性地方标准；市场自主制定的标准分为团体标准和企业标准。政府主导制定的标准侧重于保基本，市场自主制定的标准侧重于提高竞争力。同时建立完善与新型

标准体系配套的标准化管理体制。

## 二、团体标准助推制造业高质量发展——以杭州市萧山区“浙江制造”团体标准实践为例

### （一）萧山区“浙江制造”团体标准工作实践

坚持标准引领，建设制造强区，是浙江省杭州市萧山区供给侧结构性改革的重要内容。萧山区自2019年出台关于开展质量提升行动的实施意见，通过推动智能制造，增加优质产品供给，引导企业培育“浙江制造”品牌，切实提升制造产品的竞争力。

2019年度浙江省标准化统计监测结果显示，萧山区1348家规模以上制造业企业，共有标准化人员3.4万人，标准化经费投入为43.41亿元，执行国际标准、国外标准、国家标准、行业标准、地方标准、团体标准、企业标准的数量共1814个。从采标产品产值看，执行各类标准和合同的主要产品产值2305.14亿元，其中采标产品总产值为299.73亿元，采标产品产值占比13%，出口交货值346.33亿元。在采标出口产值方面，出口交货值346.33亿元，其中采标产品出口额为165.38亿元，采标产品出口额占比为47.75%。与2018年度标准化统计监测结果相比，萧山区制造业标准化经费投入、主要产品标准水平和生产出口情况都有了一定的提升，规模以上企业增加138家，标准化经费投入增长1.13亿元，执行各类标准总数量增加107个，采标产品出口额占比大幅提升12.01%，说明在国际市场上，萧山企业的产品质量和品牌价值在稳步提升。

其中，萧山区已有43家企业制定“浙江制造”团体标准53项，涵盖萧山区多个传统产业，包括汽配行业9项、化纤行业6项、化工行业6项、装备制造行业13项、羽绒服装行业4项、消费品行业10项、其他行业5项。2019年度“浙江制造”团体标准产品产值已达到5.49亿元，采用“浙江制造”团体标准产品产值占比为0.22%。同时“浙江制造”团体标准制定企业均通过了三体系认证或行业通用管理体系认证，50%以上的企业导入了卓越绩效模式，质量损失率下降到了0.6%。可以说，通过实施

“浙江制造”团体标准，全区提高了块状产业标准参与度，强化了战略引领，推进了创新能力，压实了标准化工作基础。

### （二）萧山区推进“浙江制造”团体标准三大难点

萧山区是制造大区，但并不是制造强区，虽然制造业已形成较大总量，但仍存在产业层次不高、科技创新能力不强、产品附加值低、核心竞争力缺乏等问题①。这其中很重要的原因就是企业标准化工作仍处于较低水平。

1. 推进标准“放一边”

团体标准要有实用性，团体标准的创新和引领作用仍存在的问题有：认识不足，企业参与国际标准化活动的能力不强，复合型标准化人才缺失，尚未形成通过团体标准规范行业快速发展、有序竞争的意识，以至于团体标准的采用率不高。

2. 制定标准“二层皮”

团体标准要有先进性，制定团体标准仍存在为先进而先进，过于注重技术指标的提升，脱离了行业总体发展状况、本单位实际、消费者对优质产品和服务的需求，以至于团体标准与实际操作不符。

3. 协同标准“不协同”

团体标准要有衔接性，在对标国际先进水平时，无法在全球科技链条中找准自身价值定位，缺乏本地特色产业之间的补链、强链措施，技术标准与专利工作的协同创新也较为落后，以至于团体标准带动产业链协同发展不明显。

### （三）制造业实施团体标准三大工程

标准化水平的高低，反映了一个地区产业核心竞争力乃至综合实力的强弱。当前，制造业要成为行业领头雁和创新发展的主力军，需要把标准化放在更加突出的位置，实施三大工程，形成新的竞争优势，助推制造业高质量发展。

---

① 孙晓波．供应链网络嵌入：第三方物流与制造企业发展战略［M］．北京：中国经济出版社，2021.

1. 人才引育工程

政府和企业要形成良好的标准化人才环境和培养机制。一要引进和培养主导国际、国家、行业、团体标准的标准化组织和标准化领袖型人才，争取在某个专业领域的持久话语权；二要通过大力培养，夯实区域技术型、管理型、操作型标准化基础人才，更好地将国内外先进技术转化为生产力；三要把标准化人才纳入当地人才评价范围，推进标准工匠在区域内发展壮大；四要形成多部门联动促进机制，完善政策措施引导与激发企业广泛参与团体标准工作的主动性。

2. 标准领先工程

现代标准化是国家、地区、企业之间相互竞争的手段，标准已成为获取竞争优势的利器。优势技术、专利技术一旦成为标准，会产生巨大的经济和社会效益。一方面，行业龙头企业、“隐形冠军”等优秀企业要树立将专利与标准相结合的观念，掌握标准制定过程中专利的交叉许可策略，进一步整合专利技术资源，积极将专利技术向技术标准融合①。另一方面，要立足当下和实际，以国际视野把握产业发展前沿趋势，通过制定团体标准抢先建立自身的发展优势，通过标准占领制高点，才能牢牢把握产业发展和市场竞争的主导权。

3. 标准供给工程

生产型制造企业向生产服务型制造企业转变是中国制造业升级的一个重要方向。制造业高质量发展不仅需要在生产方面实现标准化，而且需要在管理、服务、信息和数据规范化方面实现标准化。越来越多的制造企业开始选择分离发展生产性服务业，延长工业企业产业链。这需要企业进一步提升对信息管理、知识管理和服务管理的团体标准意识，加强面向服务型制造、生产型服务业等柔性化生产和个性化定制的“数智经济”团体标准的制定，增加智能制造业标准供给，带动区域内产业链协同发展，获得最佳秩序和最佳效益。

---

① 程晓华．制造业全面库存管理［M］．北京：北京理工大学出版社，2020.

# 第八章

# 物流业与制造业的信息资源融合

# 第一节 促进工业互联网在物流领域融合应用

## 一、工业互联网概述

### （一）工业互联网的概念

工业互联网是指具有互联的传感器和软件的复杂物理机器。工业互联网综合集成了机器学习、大数据、物联网和机器之间（M2M）通信等技术，可以消化来自机器的数据，分析这些数据（往往是实时数据），并以此改进操作。因此，工业互联网能够利用设备联网，通过网络实施监测设备数据、生产数据、物流数据，再对这些数据进行分析、挖掘，从而指导生产、优化设备运行、减少能耗、帮助制定决策。

### （二）工业互联网对于制造业发展的意义

“工业互联网”的概念最早是由美国通用电气公司（GE）于2012年提出的，随后GE联合四家IT巨头组建了工业互联网联盟（IIC），将这一概念大力推广开来。“工业互联网”的主要意义可以概括为：在现实世界中，机器、设备和网络能在更深层次与信息世界的大数据和分析连接在一起，带动工业革命和网络革命两大革命性转变。

工业互联网联盟的愿景是使各个制造业厂商的设备之间实现数据共享。这至少涉及互联网协议、数据存储等技术。而工业互联网联盟的成立目的在于通过制定通用的工业互联网标准，利用互联网激活传统的生产制造过程，促进物理世界和信息世界的融合。

过去，互联网是改变社会、改变商业最重要的技术；如今，物联网的出现，让许多物理实体具备了感知能力和数据传输的表达能力；未来，随着移动互联网、物联网以及云计算和大数据技术的成熟，生产制造领域将具备收集、传输及处理大数据的高级能力，使制造业形成工业互联网，带动传统制造业的颠覆与重构。

工业互联网基于互联网技术，使制造业的数据流、硬件、软件实现智能交互①。未来的制造业中，由智能设备采集大数据之后，利用智能系统的大数据分析工具进行数据挖掘和可视化展现，形成“智能决策”，为生产管理提供实时判断参考，反过来指导生产，优化制造工艺。

工业互联网的关键是通过大数据实现智能决策。当从智能设备和智能系统采集到了足够的大数据时，智能决策其实就已经发生了。工业互联网中，智能决策对于应对机器互连、设备互连、组织互连和庞大的网络来说十分必要。智能决策就是为了解决系统的复杂性。

当工业互联网的三大要素——智能设备、智能系统、智能决策与机器、设施、组织和网络融合到一起的时候，工业互联网的全部潜能就会体现出来。生产率提高、成本降低和节能减排所带来的效益将带动整个制造业的转型升级。

所以说，工业互联网代表了消费互联网向产业互联网的升级，增强了制造业的软实力，使未来制造业向效率更高、更精细化发展。互联网技术使得制造业在从数字化走向网络化、智能化的同时，传统工业领域的界限越来越模糊，工业和非工业也将渐渐地难以区分。

“互联网+”无疑将能有效推动制造业企业在价值链上的“网络协同”合作。企业的发展已经不再是局限于本身独立的经营运作，一个产品也不再是由一个企业单独完成的。网络协同使得制造业企业可以充分利用全球各地的研发机构、生产制造基地和市场营销网络，开展资源和价值链整合，增强国际化经营能力。网络协同是国际化与“互联网+”时代大背景的产物。通过互联网，“借势借力、整合资源”是制造业朝向网络协同制造发展的趋势。

---

① 孙延明，宋丹霞，张延平．工业互联网企业变革引擎［M］．北京：机械工业出版社，2021.

## 二、工业互联网用于数字化物流管理

工业互联网在物流领域的融合应用，主要体现在数字化物流上。数字化物流是通过数字化技术和手段，以提高整个物流系统的智能化、自动化、信息化水平为目标，以互联网技术为基础，通过创新型模式和先进的互联网技术、人工智能技术，朝着转变产业发展方式的新生态发展，从而实现降本增效的目的。工业互联网的核心是提升系统的信息化和智能化水平，提高物流装配的工作流程效率，提高整个物流系统的数据处理和分析能力。因此利用工业互联网技术提升物流水平，主要体现在两个方面：一方面是建设“智能物流工厂”，主要研究数字化物流系统，通过自由的、动态的组合，形成高度柔性的物流一体化方式，实现高效、快速的智能化物流；另一方面是研发“智能物流设备”，即重点研究机器人、柔性制造以及物联网等技术在物流过程中的应用等，实现物流商品分拣过程、配送过程和流程管理的智能化。

### （一）建设智能物流工厂

当前中国大多数物流系统已经实现对订单接收、商品分拣与配送等物流环节的自动智能调控，同时机器人、柔性制造等相关智能设备发展迅速，但设备的智能性和各设备的互联互通仍处于局部应用阶段，未能实现统一协作。建设智能物流工厂可以实现智能设备的互联互通。一方面，智能设备要具备通信、检测、控制、执行以及存储等功能。通过通信模块不仅能实现机器之间的沟通，还能实现物流商品、设备和系统三者之间的智能化沟通；检测模块通过传感器实时监测设备运行参数，检测物流商品和配送环境信息反馈给控制单元；控制模块根据分拣配送规则和传感器反馈信息做出智能信息处理，向执行模块发送命令；执行模块根据接收到的命令做出相应处理；存储模块实时存储各模块的状态信息。另一方面，通过工业互联网将智能设备连接，将物流工厂内各关键业务环节的智能设备连接在一起，使得不同类型和功能的智能设备连接起来组成智能物流车间，最终再由不同功能的智能车间互联组成智能物流工厂。这些智能设备、智能生产线、智能车间及智能物流工厂可以是自由的、动态的组合，以满足不断变化的物流需求，形成高度柔性的物流一体化方式，使高效、快速的智能化物流成为可能。

在未来的数字化物流系统中，以分拣车间为例，当物流商品通过流水线送到装货车间后，传送带上的传感器将通过读取物流商品的标签获得其参数信息以及该物流商品最适宜的配送方案，进而输送到不同的车间子系统，实现智能化分拣与配送功能，极大地提高物流效率，以满足市场对物流商品配送时间的个性化需求。同时通过对整个生产过程大数据的获取，有效促进物流系统生产、控制等过程。数字化物流系统中不同设备、生产线、车间之间的互联互通，将使整个工厂内部的设备融合成一个统一体，极大地提高生产效率，也能促进智能物流设备的研发与升级。

**（二）研发智能物流设备**

由于物流系统具有自动化程度高、控制过程复杂、环境条件要求苛刻等特点，使得物流系统对物流过程的自动化以及柔性化有着较高要求。物流系统智能物流的目标就是全面实现商品物流的智能化。智能物流设备是在目前自动化技术、网络技术、无线传感技术以及人工智能的基础上，通过感知、人机交互、决策、执行和反馈实现物流商品分拣过程、配送过程和流程管理的智能化，是信息技术和制造技术的深度融合与集成。

物流系统智能物流设备的实现依赖于机器人技术。机器人是最典型的机电一体化数字化装备，集传感器技术、检测技术、人工智能技术及系统集成于一身，在物流作业中获得广泛应用。以物流系统的装载搬运为例，在大型物流系统中普遍采用人工叉车作业，效率较低，但是采用搬运机器人，通过安装不同末端执行器来完成各种不同形态的搬运任务，可以提高货物的搬运能力，大大节约搬运过程的搬运时间，提高生产效率。

智能物流设备的实现依赖于柔性制造技术。随着人工智能、专家系统及智能传感器技术的发展，物流系统的智能化程度不断提高，在面对许多具有不确定性、要由人工干预才能解决的问题时能够通过过程自适应、参数自优化等功能解决。例如，在未来物流系统的配送车间，系统能够自动监测设备的运行状态，在检测到外部环境或内部激励（生产任务、物流商品配送或配送时间要求变化）时能够借助模拟专家的智能活动，调节控制要求，确保最高物流效率。

智能物流设备的实现依赖于物联网技术。智能物流工厂不仅要求单方面对产品进行检测，而且要求产品与设备、设备与设备之间实现相互通信。因此，需利用物联网技术将整个生产系统纳入计算机网络，在智能物流工厂中通过RFID、二维码等技术将电子标签贴在产品上，通过读取标签信息实时记录状态信息，结合物联网的智能管理系统，完成对物流系统的一体化管理。

## 第二节　鼓励制造业企业开展物流智能化改造

### 一、物流智能化概述

#### （一）智能物流的概念

智能物流就是利用条形码、射频识别、传感器、全球定位系统等先进的物联网技术，通过信息处理和网络通信技术平台，广泛应用于物流业运输、仓储、配送、包装、装卸等基本活动环节，实现货物运输过程的自动化运作和高效率优化管理，提高物流行业的服务水平，降低成本，减少自然资源和社会资源消耗。

#### （二）智能物流的特点

物联网为物流业将传统物流技术与智能化系统运作管理相结合提供了一个很好的平台，进而能够更好、更快地实现智能物流的信息化、智能化、自动化、透明化和系统的运作模式。智能物流在实施的过程中强调的是物流过程数据智慧化、网络协同化和决策智慧化。

智能物流在功能上要实现六个“正确”，即正确的货物、正确的数量、正确的地点、正确的质量、正确的时间、正确的价格；在技术上要实现物品识别、地点跟踪、物品溯源、物品监控、实时响应。

智能物流的未来发展将会体现出四个特点：一是智能化，即在物流作业过程中的大量运筹与决策的智能化；二是层次化，即以物流管理为核心，实现物流过程中运输、存储、包装、装卸等环节的一体化与智能物流系统的一体化与层次化；三是柔性化，即智能物流的发展会更加突出“以顾客为中心”的理念，根据消费者需求变化来灵活调节生产工艺；四是社会化，即智能物流的发展将会促进区域经济的发展和世界资源优化配置。

### （三）智能物流的前景

智能物流的应用前景，可以通过智能物流系统的四个智能机理，即信息的智能获取技术、智能传递技术、智能处理技术和智能利用技术来分析。

（1）智能获取技术使物流从被动走向主动，实现物流过程中的主动获取信息、主动监控车辆与货物、主动分析信息，使商品从源头开始被实施跟踪与管理，实现信息流快于实物流。

（2）智能传递技术应用于物流企业内部，也可实现外部的物流数据传递功能。

（3）智能处理技术应用于企业内部决策，通过对大量数据的分析，从而对客户的需求、商品库存、智能仿真等做出决策。

（4）智能利用技术在物流管理的优化、预测、决策支持、建模和仿真、全球化管理等方面应用，使企业的决策更加具有准确性和科学性。

智能物流的发展需要建立物流公共信息平台工程，夯实技术基础。离开了移动互联网、物联网、云计算、大数据，就谈不上智能物流，所以信息技术的研发与运用是最关键的。要发展无线射频识别、电子数据交换、全球定位系统、地理信息系统、智能交通系统等技术，大力推进物流信息化与智能化建设。

## 二、制造业企业物流智能化改造模块

### （一）采购物流

1. 物料需求预测模块

该模块在采购过程中，借助物联网相关信息技术，感知并采集物料信息、生产信息，分析和预测物料需求，实现对物料需求量及品类的精准计算，从而制定更为合理的采购计划，减少无效库存。

2. 物料可追溯模块

该模块通过采用 RFID 感知技术，识别物料唯一编码，实现智能可追溯，追踪物料的源头，确保物料的质量。

3. 供应商评价模块

该模块采集供应商的相关信息，综合、全面地了解供应商的信用资质及其货品品质，建立供应商评价系统，使生产企业对供应商有一个清晰的了解和对比，从而可以选择更加合适的供应商。

**（二）生产物流**

1. 设施设备优化模块

该模块充分采用感知技术，有效监测生产设施设备的运行状况，一旦出现故障、损坏、停止运行等情况，可实时反馈至系统中，以便相关工作人员做出调整，及时修缮相关设施设备，保证订单的完成进度。

2. 生产流程优化模块

该模块通过对 RFID、传感技术的综合使用，来改善制造业生产过程中的作业环节，优化生产物流线路，减少或消除重复性、效率低的生产活动，大大降低人力成本的同时提高效率，生产力得到加强。

3. 产品品控模块

该模块在生产过程中，借助 RFID 技术识别读写标签数据，实时采集生产过程中的产品物流信息，实现可视化管理，精确到每个生产环节所负责的人员以及他所有的操作事项，严格把控生产加工中的产品品质①。同时可以监测每道工序所耗费的时间和成本，更好地实现成本的有效控制。

4. 个性化需求模块

该模块主要通过相关感知技术加强客户需求预测，并尝试让客户参与产品设计，实现产品、服务及体验的个性化。从而实现以产品为中心的服

---

① 豆大帷．新制造“智能＋”赋能制造业转型升级［M］．北京：中国经济出版社，2019.

务导向型模式向以客户为中心的服务需求型模式转变，加强客户体验感，从而提升客户的满意度。

### （三）销售物流

1. 销售数据预测模块

该模块采集并挖掘大量动态消费数据，经过整合、分析与处理，传输至整个物流系统中，为销售决策以及后续生产提供数据支持。从而可以更好地调整生产方式来适应客户需求变化，实现了从大规模批量生产转变为大规模定制生产，既满足了客户的个性化需求，又保证了生产效率。

2. 客户数据管理模块

客户数据管理模块是借助 RFID 技术、传感技术实现对该系统的客户所有信息的采集，通过网络传输存入到数据库，以便更好地感知客户的需求。同时可以实时跟踪客户对产品的选择和好感程度，依据交易记录及个人信息，形成偏好预测模块，建立其独有的客户数据档案，从而分析消费者偏好，促使企业能够根据用户需求提供个性化定制服务。

### （四）一体化物流

1. 可视化管理模块

该模块将物联网技术应用到物流业中，采用 RFID、GPS、红外感应、传感器等设备全面感知物品，自动、实时地对物品的信息进行采集，覆盖从原材料采购到产品或服务送至消费者手中的一系列运作过程，实现信息无缝对接，增加整个物流过程的透明度，实现可视化管理，提高物流运作的效率。并且各主体从源头上共享变动信息，能够有效降低“牛鞭效应”带来的影响，使整个供应链上的需求趋于合理化。

2. 智能可追溯模块

该模块通过对货物进行编码标记，在 RFID 技术、传感技术的基础上识别货物的唯一标识编码，采集、传输、处理和查询货物的相关信息，追溯货物的原产地、生产加工过程、运输储存情况等，从而实现货物的来源可查、去向可追、责任可究。

3. 智能化处理模块

该模块在物联网技术的支持下，可以实时获取物流过程中有关用户需求、货物要求的相关信息，相应地制定动态化物流方案，对物流过程中出现的一系列问题能够及时准确地做出应对措施，使物流运作变得更加敏捷化、柔性化。

4. 信息服务平台

物联网具有全面感知、可靠传输、智能处理的特征，这为信息平台的构建提供了强有力的技术支持。通过构建这样一个信息服务平台，能够加强信息的获取速度、传输能力和处理效率，有效地整合各种物流信息，实现物与物之间信息的互联互通。同时可以在不同系统、不同行业、不同地区之间促进物流信息的共享和资源的整合，将物流、商流、信息流和服务流有效融合。

## 第三节 推进新兴技术在物流业中的应用

### 一、云计算技术与云物流

云计算（Cloud Computing）是分布式计算技术的一种，是通过网络将庞大的计算处理程序自动分拆成无数个较小的子程序，再交由多部服务器所组成的庞大系统经搜寻、计算分析之后将处理结果回传给用户。通过这项技术，网络服务提供者可以在数秒之内处理数以千万计甚至上亿计的信息，实现与超级计算机具有同样强大效能的网络服务。

#### （一）云物流的概念

云物流是一个综合的概念，首先，它表现为一种现代物流的运作模式，是现代物流发展的新阶段，是一种整合了各种管理理念的新的物流管理和运作理念。其次，它是各种先进的信息技术在物流领域应用的一个完整的体现，在原有物流信息化运作的基础上，集成了当前最新的物联网、云计算等信息技术，是一个高度集成的技术应用体系。最后，它是一个现代物流运作的重要平台和载体，基于云物流平台，物流企业能够根据市场的需求，按需、动态地为客户提供一种安全可靠以及有质量保证的物流综合解决方案。

云物流是云计算在物流行业的应用服务，即云计算派生出云物流。云物流利用云计算的强大通信能力、运算能力和匹配能力，集成众多的物流用户的需求，形成物流需求信息集成平台。用户利用这一平台，可以最大限度地简化应用过程，实现所有信息的交换、处理和传递，用户只需专心管理物流业务。同时，云物流还可以整合零散的物流资源，实现物流效益最大化。

从长远看，云物流具有广阔的发展前景。计算机的信息系统不仅仅支撑起物流系统的运营，发挥物流系统中枢神经的作用，而且在充分利用云计算的基础上，云物流有可能使物流的许多功能发生质的变化。

快递业提出云物流概念的本质是利用了云计算数据共享的特性，把快递行业的数据进行集合、整理，并用整理后的数控指导、控制快递公司的业务运作，最终提高快递的运输效率。云物流与云计算相仿，是实践在前，提出概念在后。物流领域中常常见到的第三方物流、第四方物流，从概念上说应该是云物流的雏形——物流终端用户并不直接管理物流的中间过程，而是交由专业的物流公司运作。这些专业的物流公司所承揽的业务特别是大型复杂的物流业务，并不一定是由一家物流公司完成，多数情况下要由几家不同的专业物流公司配合完成。而终端用户不需要了解这些情况，他们只关心业务完成的最终结果。这与云计算的特征非常相似。这就促使对云物流的思考不仅仅局限在利用云计算技术开展物流运行，而是在更高的层次思考云物流的发展。如利用云计算的网络与成果，研究完善云物流的概念，尽快发展与云物流相关的实体经济。

**（二）云物流的具体应用**

1. 云物流在快递行业的应用

在快递行业中，云物流主要体现在信息流通方面。云功能可以将海量的快递订单进行分类，将分好类的快递订单反馈给物流信息管理系统，由云计算给出最优方案，对整个物流运输体系进行总结，从而提高效率、降低成本。在实际运作中，首先，快递行业中的某个企业搭建一个行业云平台，集中行业中的私有数据，即集中来自全球发货公司的海量货单；其次，对海量货单和货单的目的路径进行整理；再次，指定运输公司将货物发送到快递公司，最后，送达收件人。在这一过程中，云物流对快递行业的收货、运输、终端配送的运作模式进行了整合，实现了批量运输，部分解决了我国运输行业长期存在的空驶（或半载）问题，提高了运输公司的效率，降低了成本。但是，快递行业只是物流行业中的一小部分。

2. 云物流在整个物流行业的应用

物流从经济层面上可以分为宏观物流和微观物流。宏观物流通常是指物流范围较广、工程量较大，具有经济带动作用的物流活动。宏观物流方式会影响社会流通方式，也会影响国民经济。相对于宏观物流而言，微观物流主要是指局部的、小范围的物流作业。除此之外，还有社会物流、企业物流、国际物流、区域物流、特殊物流等不同的分类。物流活动由包装、装卸、运输、存储、流通、加工、配送和物流信息等活动构成。提高物流效率就是提高上述各项活动的效率。

云计算可以提高上述单个活动的效率，也就提高了物流效率。物流活动最开始是由企业完全承担，这样给企业造成了很大的压力。第三方物流出现后，将物流活动进行了进一步的划分，将物流变得专业化，提高了物流效率。第三方物流之所以能提高物流效率，其原因就是对物流活动进行细分，并且提高了单个活动的效率。云计算作为新的工具，在物流活动中起了重要作用。在对单个活动的优化中，借助云计算收集车辆信息，对车辆进行监控，计算车辆的实际物流运输能力，这样可以加快物流运输速度，提高装配效率。当一个企业承担物流的全部功能时，实际上是承担了所有的物流活动。第三方或第四方物流出现以后，通过对物流活动进行细分，实现物流作业专业化，提高了物流活动效率。第三方或第四方物流能够提高物流效率的原因，是对物流活动进行重新组合即业务重构，实现了业务活动的专业化。所以，与快递行业一样，业务重构对提升效率起到了巨大的作用。在业务重构过程中，云物流是可以利用的工具。目前，在物流领域有些运作已经有云的身影，如车辆配载、运输过程监控等。借助云物流中的行业云，多方收集货源和车辆信息，并使物流配载信息在实际物流运输能力与需求发生以前得以发布，可以加快物流配载速度，提高配载成功率。

云存储也是可以发展的方向之一，利用移动设备将在途物资作为虚拟库存，即时进行物资信息交换和交易，将物资直接出入库，并直接将货物运送到终端用户手中。受益于云物流的还有供应链，零售业在云物流的影响下也将发生变化。

如果说云物流为快递行业降低生产成本发挥了很大作用，那么云物流在物流行业应用带来的直接效果就是降低物流成本，这将大大提高物流业的社会效益。仅凭这一点就可以断定，云物流在物流业将有巨大的发展空间。

## 二、物联网技术的应用

物联网（The Internet of Things，IOT）是继计算机、互联网和移动通信之后的又一次信息产业的革命。它能有力地带动传统产业转型升级，引领战略性新兴产业的发展，实现经济结构的升级和调整，提高资源利用率和生产力水平，改善人与自然界的关系，引发社会生产和经济发展方式的深度变革，具有巨大的增长潜能，是当前社会发展经济增长和科技创新的战略制高点。目前，物联网已被正式列为国家重点发展的战略性新兴产业之一。物联网产业具有产业链长、涉及多个产业群的特点，其应用范围几乎覆盖了各行各业。

### （一）物联网对物流各环节的影响

物联网技术在物流运作各个环节推广和应用，使得传统的物流运作流程将面临局部改良或彻底重组，物流运作效率得到极大提升。

1. 运输环节

运输环节是物流系统中比较重要的一个环节，涉及的要素包含员工、货物、运输路线、装载环境和运输工具等。现阶段，物流行业缺乏对这些要素的实时、有效监控。如果不能及时协调处理运输及存储过程中的隐患因素，将会给企业带来巨大的损失。物联网技术可以通过在运算车辆上嵌入射频标签、摄像头等方式合理安排运输过程中的调度问题。在运输途中，货物的相关信息能够实时传送到数据中心。同时，数据中心实时分析获取的相关信息，并根据货物运输的实际情况向货车司机及时地反馈各种信息，从而为企业减少不必要的损失。

2. 仓储环节

仓储环节涉及供应链的各个环节。由于商品的特殊性，不同商品对保管和存储的要求是不同的。例如药品的储存和保管对温度和湿度的要求比较苛刻。如果在储存这些商品的仓库中采用物联网技术，可以通过数据感应识别系统将商品的储存环境及商品自身的品质信息实时传输给数据中心，由数据中心及时对反馈回来的信息进行综合分析和处理，然后将相关保管和储存的改进建议反馈给仓库。这种智能化的管理只有通过物联网技术才能实现，也能够为企业带来可观的经济效益。

3. 搬运装卸环节

在搬运装卸环节，电子标签可以识别货物的种类，从而实现货物在搬运装卸过程中的井然有序。物联网的智能化技术能够记录货物移动的相关内容，这些内容反馈到数据管理中心，管理者就很容易掌握货物的库存量情况，借此可以提高整个库存管理的效率①。在搬运设备上安装一些自动识别传感设备，就能够在搬运过程中自动识别、搬运和存放货物，这种自动化的搬运装卸，不仅能够减少一些人力、物力，也避免了一些人为原因造成的失误。

4. 包装和流通加工环节

在包装、流通加工环节，商品不同，包装与加工的要求也不同。例如药品对环境有着较高的要求，易燃、易爆物品在流通加工和包装过程中容易造成安全隐患。这一环节在引入物联网技术后，可以智能提醒商品的包装及加工要求，这样既省时省力又安全可靠。

---

① 邹娟平，胡月阳，李艳．基于物联网技术的现代物流管理研究［M］．青岛：中国海洋大学出版社，2019.

5. 配送环节

在配送环节，首先要根据用户下达的出库订单将货物下架、分拣和理货。在物联网环境下，等待配装的货物的信息实时录入物流信息平台，后台运算处理中心进行快速配送规划运算后将指令下达给调度员，调度员再根据指令上配装货物分配明细和匹配的运输车辆完成配货和装车的调度任务。每辆车的送货员则根据信息平台下达的配送路线图在规定的时间将货物准时送到用户。在整个配送作业流程中，需要快捷且经济地完成配送任务，最为关键的一环就是根据配送任务和配送资源制定出最优化的运输规划，而这正是物联网环境下物流信息平台最大的优势之一。这一优势可以充分保证数据中心实时读取货物信息，合理匹配货物和车辆，更加准确、高效地将货物送达。

6. 信息服务环节

数据中心包括库存信息、存储信息和销售信息，数据中心综合处理这些信息之后，制造商、零售商和消费者都可以登录数据中心来查询销售和存储信息，制造商可以借此及时规划生产进度，零售商可以借此实时调整进货计划，消费者可以通过物品上的标签，登录数据中心追溯产品的生产和物流信息。

**（二）物联网在物流业中的应用**

1. 智能交通管理

为了减少交通拥堵，必须利用智能的道路掌握实时交通信息，但目前还缺乏对货物、商品、行人和车辆在市内具体移动状况的了解。因此获取数据是重要的第一步，通过在路边随处安置的传感器来获取实时的路况信息，并据此调整路线，协助监督和控制交通流量，从而避免拥堵。未来将建成智能化的高速公路，利用车辆与网络相连，通过指引车辆更改路线或优化行程来改善交通状况，提高交通效率。同时在道路收费时，可以通过利用路边的激光照相机和 RFID 等先进技术来无缝地检测、标识车辆并自动收取费用。

2. 智能仓储物流管理系统

智能仓储物流管理系统是利用电子产品代码（Electronic Product Code,

EPC）技术和无线传感器网络（Wireless Sensor Networks，WSN）技术进行整合，在EPC系统中，RFID技术可以与WSN相结合互补，或者集成传感器技术，在利用移动式或固定的阅读器读取货物RFD标签信息的同时，阅读器也可以作为WSN的节点，把收集到的信息发送给数据管理中心，最后经过管理中心系统对数据进行分析后发出调度指令。车载阅读器读取电子标签中物品信息，同时可作为WSN的中心节点接收环境检测数据，实现特定目标监控、环境数据监控和仓储应用管理，通过WSN技术和基于RFD技术的EPC系统的有效结合，使整个仓储物流管理系统向真正的智能化方向发展。

3. 智能冷链物流管理

冷链物流管理在食品、药品的生产运输过程中有着非常广泛的应用，我国政府相继出台了相关的食品安全监管法律法规来规范冷链供应链的管理。而现阶段我国冷链管理的主要症结是：大多人工测量和纸面记录无统一数据系统支持，实时性差、监管脱节、取证困难、无法确定责任等。而在智能冷链物流管理中，冷库中装有RFID读取器，通过贴有RFID感温标签的货物，能定时通过库中的感温装置采集存储环境的温湿度，采集的频率可以调节。读取器的数据通过有线或者无线网络传输，通过RFD中间件服务器对输入数据进行过滤、整理，并向后台管理系统输送数据。在运输时，当物品被转移入冷藏车后，包装上的感温标签同样定时采集车中的储藏温湿度，车内安装有同车载GPS相连的RFID读取装置，定时读取的数据通过GPS卫星传输到中间件服务器中。企业及用户可以通过各种终端，如PC、手机、PAD等多种方式进行管理、分析和指令下达等作业。

4. 智能集装箱运输管理

在集装箱运输中，采用物联网技术对运输集装箱进行智能的识别和跟踪，利用物联网的RFID技术和互联网技术，可以实现运输与堆存状态下集装箱的自动识别和信息互联的智能管理。一方面，利用集装箱智能管理系统可以动态记录集装箱运输中的箱、货流的信息，使集装箱物流过程变得透明，帮助货主及时掌控运输动态，降低物流成本，提高经济效益；另一方面，系统还可以提高集装箱运输过程中的安全性，系统能够记录合法开箱的时间和地点，非法开箱的时间等，提高集装箱物流中各环节的安全系数，使集装箱运输具有可追溯性，防止货物丢失和盗窃，提高货物全程运输的质量。通过智能的集装箱运输管理系统，实现了与集装箱物流相关的承运人、托运人、监管人等相关人员从过去被动地接收信息到主动地获取信息的转变。另外，从行政监管层面来说，可有效增强国家行政部门对集装箱物流全过程的监管，防止人员偷渡和走私。提高国家监管水平。

5. 智能危险品物流管理

我国在危险品物流管理过程中存在物流效率低监管不明确、危险品物流企业现代化水平低等因素。这些因素成为事故发生的隐患，阻碍危险品物流的发展。而利用 RFID 技术对危险品物流管理进行监控，可综合运用 GPS、GIS、RFID、智能传感等先进信息技术，建立危险品物流监控系统，实现危险品安全报警、实时位置跟踪、状态监测及危险品物流过程信息追溯等功能。当把危险品货物装上车以后，监控系统开始工作，信息采集终端实时采集集装箱内温度湿度、倾角、加速度、烟雾等状态信息，并同时把信息数据发送给车载终端和远程的监控中心，使驾驶员和远程的监控中心能够实时掌握运输情况。远程监控中心可以实现全部信息的接收、存储，并将获取的信息以可视化的形式表现出来或以查询的方式实现，实时地与运输人员进行交互，同时远程控制中心也可以利用网络摄像机对车厢内的设施进行操作，从而使得危险品的运输环境最优化。

6. 智能电子商务物流

与发达国家相比，我国的电子商务物流起步晚、基础设施落后，理论研究及人才培养相对匮乏。而物联网技术的出现和发展，将为我国电子商务物流赶超发达国家提供一次新的发展机会。利用基于 RFID 的物联网技术，可以在产品生产的时候，就把 EPC 标签嵌入到产品中，通过标签和 RFD 阅读器的配合，记录产品生产包装、存储、零售、配送等整个生产流通过程信息，并把这些上传到互联网上。消费者在网络购物时，只要根据网络商家所提供的产品 EPC 标签代码信息，就可以通过互联网查询到产品从原材料采购到成品的生产，再到销售的整个生产流通过程及相关的信息，从而做出判断决定是否购买。在电子商务物流过程中，通过 RFID 阅读器读取 EPC 标签信息，并传输到处理中心供企业和消费者查询，实现对物流过程的实时监控。物联网技术的应用可以使电子商务变得更强大，更方便、更快捷。

## 三、大数据技术的应用

### （一）大数据技术对物流管理的影响

1. 降低物流成本

大数据技术应用于物流管理决策可以提高物品流通速度，降低物流成本。发展现代物流，关键是能够充分运用专业化、现代化的运输工具将商品迅速、及时地运往消费地，提高商品流通速度，降低商品积压所占据的成本，同时通过大规模的作业降低作业成本，减少多次装卸搬运所产生的产品破损，从而有效地降低物流成本。

2. 提升商品价值

大数据技术应用于现代物流管理决策可以促进专业化物流增值服务，提升产品价值，是提升国际竞争力的需要。有些商品本身的价值不高，可以通过发展专业的第三方物流组织，为商品提供专业的物流增值服务来发掘商品的内在价值。大数据应用于现代物流管理决策，就是使商品通过低成本、高效率的物流体系送达消费者手中。此外，应用大数据技术对现代物流管理决策进行研究也是发展物流产业和降低物流成本的需要，有利于提高企业的收入。应用大数据技术不仅可以进行集约化物流，在一定范围内实现物流合理化，从而大量节约物流费用，而且可以节约大量的社会流动资金，实现资金流动的合理性，既提高经济效益，又提高社会效益。

3. 做出科学决策

物流管理的信息化、网络化发展到一定程度就产生了智能化的需要，因此物流管理的智能化是物流信息化、网络化的高层次应用。物流管理中，无论是管理部门还是生产经营单位，不管是产品配送企业还是客户，都涉及运筹和决策的问题，例如产品储存库存水平的确定、运输路线的选择，产品配送中心的经营管理等决策问题都需要借助大量的管理知识、经验和信息来解决。物流管理的智能化就需要有一系列智能的物流管理信息系统（如物流专家系统、物流预测系统、物流配送中心决策系统等）的支持。当今的一些物流管理信息系统只为管理者提供普通的业务处理数据和简单的分析数据，不具备数据挖掘和知识发现的功能，不能提供立体的、多视角的、有渗透力的数据，更不能提供具有预测性的潜在信息，不能满足物流网络中各个层次的实时需要。而基于大数据的物流管理信息系统，可以把相应的业务数据提取出来进行分析，分析过程可以不脱离物流企业和客户的操作流程，时效性强，可以克服在管理决策中出现的大量主观决策，避免产生“牛鞭效应”。

4. 物流产业升级

将数据挖掘应用到物流管理决策中，不仅增强了物流系统的功能，实现物流结构的调整，有利于物流产业良性升级，减少人工投入量，而且在物流园区、物流中心的建设、库存控制和运输配送等方面建立起了能够有效控制的运行机制，使物流体系能够适应市场的变化，提升物流系统的效率和决策的准确性。另外，企业领导和管理部门可以将其所掌握的信息转化为决策的依据，提升决策能力、决策效力和决策准确性，减少决策过程中的主观因素，克服决策中的主观随意性和盲目性，减少因决策失误而造成的经济损失。

**（二）大数据技术在物流业中的应用**

大数据技术源于物流的直接需求，虽然它在各领域都存在广泛的使用价值，但是物流是大数据技术的主要应用领域之一。这是因为条形码等技术的发展，物流部门可以利用前端 PC 系统收集、存储大量的货物进出状况和服务记录等数据。物流业同数据密集型企业一样积累了大量的数据，这些数据正是进行数据挖掘的基础。大数据技术有助于识别运输行为，发现配送新模式和趋势，改进运输效率，取得更高的核心竞争力，减少物流成本。同时，我国物流企业已经开始摆脱简单的技术应用阶段，已经从单纯的应用数据库系统和简单的管理信息系统发展到应用智能决策系统。从传统管理提高到依靠企业市场竞争力来实施物流业信息化。然而，在这一过程中，最缺乏的就是对数据的有效利用，即缺乏对数据进行深层次的分析，然后将分析结果应用于经营活动。如果不对数据进行分析，它就只是一种简单的原始数据，不能生成可供企业分析、决策的信息。大数据时代已经到来，物流企业如何把握大数据带来的机遇，如何在发展过程中正确应用大数据，已经成为迫切需要解决的问题。宏观来说，大数据技术在物流行业的应用主要包括以下几个方面。

1. 统揽运输全局，提高物流决策的总体效率

通过分类信息（按货物的种类、数量、地点和日期等）了解每天的运营和财政情况，掌控货物的运输成本和库存变化。在运输货物时，随时检查货物运输结构是否合理，并将货物分组布局，对运输路线进行分析。通过从统计记录中挖掘的有关信息，可以发现运输某一种货物的顾客可能也运输其他货物。这类信息可以形成固定的运输路线，或者保持一定的组合（货物分组布局），以帮助客户方便地发送货物，打动顾客的心，从而增加营业额。

2. 降低库存成本

通过大数据系统，将运输数据和库存数据集中起来，通过数据分析，决定对哪些货物先行发货，以确保合适的库存。数据挖掘系统还可以将库存信息和货物预测信息通过电子数据交换（EDI）系统直接传送到客户那里，这样可以定期增加或者减少库存，进而减少自身的负担。

3. 市场和趋势分析

利用数据挖掘工具和统计模型对数据库中的数据进行仔细研究，以分析客户的运输习惯和其他战略性信息①。通过检索数据库近年来的物流数据，可以对季节性运输量、货物品种和库存趋势进行大数据分析。还可以确定风险货物，并对数量和运营做出决策。

4. 客户细分

客户细分是将消费群体划分为若干细分群体，同属一个细分群体的消费者彼此相似。客户细分可以使商家以不同的方法区别对待处于不同细分

---

① 北京科捷智云技术服务有限公司．人机共舞：大数据和人工智能在物流领域的应用［M］．北京：机械工业出版社，2019.

群体中的客户，但这并不意味着服务与质量上有差别。只有通过深层次的大数据分析才能帮助企业从众多的客户中分类找出有价值的客户。目前，比较流行的客户关系管理（CRM）就是在这一理论基础上建立起来的。

在大数据时代。数据的数量优于质量，数据相关性优于数据逻辑性或因果性。因此，在物流业中应用大数据时，要尽可能多地获得数据，因为数据越多，价值越大。充分利用获得的数据，可以发现数据里面暗藏的因果关系和事物间的相关性，从而解决物流企业发展中的问题，促进物流业向现代物流发展。

# 第九章

# 物流业与制造业融合发展的重点领域

# 第一节　大宗商品物流与制造业融合发展

## 一、大宗商品物流的特点

大宗物流行业与我们日常接触的普货物流特性迥异。快递行业单件在30公斤以下，主要服务电商零售，考验的是小件商品的分拣、分拨、配送的全网互通能力；零担快运行业主要服务于消费业、制造业，考验的是数百公斤至数吨的货物在厂家、三方、物流园区等不同仓储和不同承运方间流转的集散、配载、运输和落地配送能力。而大宗物流主要服务于煤炭、矿石、化工、电力等国家基础性能化产业，其核心特点是体量庞大，吨位计价，需要解决的是批量货物在矿山、工厂、铁路集运站、港口等大宗商品特有的供应链节点流转时内外部主体的信息协同问题和批量运力的组织管理、统计结算问题①。此外与普通货物流不同的是，大宗物流精细化需求低，业务链条相对简单，一直以个体司机以及零散车队承担运输业务，组织化程度非常低下。

由于大宗商品具有金融属性、标准化程度高、量大等特点，其差异性与普通物流较大。如仓库方面，在选址、规模、结构、服务功能、硬件设施、技术条件等都有明显不同。应区别对待服务于“大宗商品”的物流与服务于“消费品”的物流，不能对发展相对靠前的消费品物流模式进行简单复制②。行业内厦门象屿对于物流的布局是较为完善的。公司通过自有与外协相结合、轻资产与重资产相结合的方式，串联“公、铁、水、仓”，形成覆盖全国、连接海外的网络化物流服务体系，包括贯通中西、串联南

① 潘斌．物流业市场结构对中国工业发展的影响［M］．北京：经济管理出版社，2019.

② 王喜富，崔忠付．智慧物流与供应链信息平台［M］．中国财富出版社，2019.

北的铁路运输网络，辐射全国的公路运输网络，立足国内主要口岸、延伸至“一带一路”沿线的水路运输网络，覆盖东部沿海、中西部大宗商品集散区域的仓储集群，能够为客户提供高品质、全流程、定制化的大宗商品物流服务和多式联运综合解决方案。

### 二、大宗商品物流与制造业融合发展的举措

推动和支持钢铁、有色金属、建材等大型制造业企业和工业园区提高煤炭、原油、矿石、粮食等大宗商品中长期运输合同比例以及铁路、水路等清洁运输比例；扩大面向大型厂矿、制造业基地的“点对点”直达货运列车开行范围；鼓励铁路、水路运输企业与制造业大客户签订量价互保协议，实现互惠共赢；依托具备条件的国家物流枢纽发展现代化大宗商品物流中心，促进大宗商品物流降本增效。

## 第二节 生产物流与制造业融合发展

### 一、生产物流的概念和特点

#### （一）生产物流的概念

生产物流（Production Logistics）也称厂区物流、车间物流，是指在生产过程中，将原材料、半成品、燃料、外购件投入生产后，经过下料、发料，运送到各加工点和存储点，以及在制品形态从一个生产单位流入另一个生产单位，按照规定的工艺路线进行加工、存储，借助一定的运输工具在某个点内流入，又从某个点流出，物料始终处于实物形态的流转过程中。

**（二）生产物流的特点**

1. 实现价值的特点

企业生产物流最本质的特点在于，它不是实现时间价值和空间价值的经济活动，而是实现加工附加价值的经济活动。企业生产物流一般在企业的小范围内完成，当然，这不包括在全国或者世界范围内布局的巨型企业。因此空间距离的变化不大，企业内部的储存和社会储存的目的也不相同，前者是对生产的保证，而不是追求利润的独立功能，因此时间价值不高。企业生产物流伴随加工活动而发生，实现加工附加价值，所以虽然物流空间、时间价值潜力不高，但加工附加价值却很高。

2. 主要功能要素的特点

一般物流的主要功能要素是运输和仓储，其他是作为辅助性或次要功能或强化性功能要素出现的；而企业物流的主要功能要素却是货物搬运。许多生产企业的生产过程，实际上是物料不停搬运的过程。在不停搬运的过程中，物料得到了加工，改变了形态。即使是配送企业和批发企业的内部物流，实际也是不断搬运的过程，通过搬运，产品完成了分货、拣选、配货工作，完成了大改小、小集大的换装工作，从而使产品形成了可配送或可批发的形态。

3. 物流过程的特点

企业生产物流是一种工艺过程性物流，一旦企业生产工艺、生产装备及生产流程确定，企业物流也就形成了一种稳定性的物流。由于这种稳定性，企业物流的可控性、计划性便很强，一旦进入这一物流过程，选择性及可变性便很小。对物流的改进只能通过对工艺流程的优化，这方面和随机性很强的社会物流也有很大的不同。

4. 物流运行的特点

企业生产物流的运行具有极强的伴生性，往往是生产过程中的一个组成部分或一个伴生部分，这决定了企业物流很难与生产过程分开而形成独立的系统。在总体的伴生性同时，企业生产物流中也有与生产工艺过程分割的局部物流活动，这些局部物流活动有本身的界限和运动规律，当前企业物流的研究大多针对这些局部物流活动而言。这些局部物流活动主要包括仓库的储存活动、接货物流活动、车间或分厂之间的运输活动等。

### 二、生产物流与制造业融合发展的举措

鼓励制造业企业适应智能制造发展需要，开展物流智能化改造，推广应用物流机器人、智能仓储、自动分拣等新型物流技术装备，提高生产物流自动化、数字化、智能化水平。加强大型装备等大件运输管理和综合协调，不断优化跨省大件运输并联许可服务。加快商品车物流基地建设，优化铁路运输组织模式，稳定衔接车船班期，提高商品车铁路、水路运输比例；优化商品车城市配送通道，便利合规车辆运输车通行。

## 第三节　消费物流与制造业融合发展

### 一、消费物流的产生

随着我国商品流通领域规模与范围的不断扩大，商品流通渠道呈现出多样化发展模式，消费者购物表现出多元化和差异化倾向，致使在店铺式零售业态（百货商店、超市、购物中心、便利店等）和无店铺零售业态（网上商店、电视销售、电话销售、邮寄等）齐头并进的激烈竞争中，愈加重视售后物流服务的水平。这一方面将直接影响到零售商的物流服务水平，另一方面也体现出消费者购物后对消费物流在空间、时间、数量、规模等方面的服务需求①。正是基于此背景，消费物流进入到我们的视野，并成为我们亟待研究的一个崭新课题。

① 王先庆．新物流：新零售时代的供应链变革与机遇［M］．北京：中国经济出版社，2019.

我们认为消费物流是指发生在消费领域中，指消费者可以迅速而便利地经历购物过程（从开始购物到将商品运送回家的过程）。它属于最终消费领域的物流活动，主要包括：准备购物—到达商店—进入商店—在店内走动—结账—回家贮藏和维修售后服务等环节。有学者认为，所谓消费物流，顾名思义也就是指在消费过程中产生的物流。如果从时间上考虑可以认为是从购物（订货）付款、包装、装卸、搬运直至售后服务、维修乃至报废回收这一过程中所发生的一系列物流活动。

## 二、消费物流与制造业融合发展的举措

鼓励邮政、快递企业针对高端电子消费产品、医药品等单位价值较高以及纺织服装、工艺品等个性化较强的产品提供高品质、差异化寄递服务，促进精益制造和定制化生产发展。稳步推进国家骨干冷链物流基地建设，推动提高生鲜农产品产业化发展水平。推动构建全国性、区域性冷链物流公共信息平台，促进相关企业数据交换，逐步实现冷链信息全程透明化和可追溯。鼓励企业根据市场需求，提升港区及周边冷链存储能力。支持生鲜农产品及食品全程冷链物流体系建设，加快农产品产地“最先一公里”预冷、保鲜等商品化处理和面向城市消费者“最后一公里”的低温加工配送设施建设。

# 第四节　绿色物流与制造业融合发展

## 一、绿色物流的概念和内涵

### （一）绿色物流的概念

绿色物流是近几年提出的一个新概念。一般认为，绿色物流（Environmental Logistics）是指以降低污染物排放、减少资源消耗为目标，通过

先进的物流技术和面向环境管理的理念，进行物流网络系统的规划、控制、管理和实施。

《中华人民共和国国家标准：物流术语（GB/T 18354—2006）》对绿色物流的定义为：绿色物流是指在物流过程中抑制物流对环境造成危害的同时，实现对物流环境的净化，使物流资源得到最充分的利用。绿色物流的行为主体主要是专业的物流企业，同时也涉及有关生产企业和消费者。

**（二）绿色物流的内涵**

绿色物流是一个多层次的概念，既包括企业的绿色物流活动，又包括社会对绿色物流活动的管理、规范和控制。绿色物流的内涵包括以下五个方面。

1. 集约资源

集约资源是绿色物流的本质内容，也是物流业发展的主要指导思想之一①。通过整合现有资源、优化资源配置，企业可以提高资源利用率，减少资源浪费。

2. 绿色运输

运输过程中的燃油消耗和尾气排放是物流活动造成环境污染的主要原因之一。因此，要想打造绿色物流，首先要对运输线路进行合理布局与规划，通过缩短运输路线、提高车辆装载率等措施，实现节能减排。另外，还要注重对运输车辆进行养护，使用清洁燃料，减少能耗及尾气排放。

3. 绿色仓储

绿色仓储一方面要求仓库选址要合理，有利于节约运输成本；另一方面，仓储布局要科学，使仓库得以充分利用，实现仓储面积利用的最大化，减少仓储成本。

4. 绿色包装

包装是物流活动的一个重要环节。绿色包装可以提高包装材料的回收利用率，有效控制资源消耗，避免环境污染。

5. 废弃物物流

废弃物物流是指在经济活动中失去原有价值的物品，根据实际需要对

---

① 施先亮．智慧物流与现代供应链［M］．北京：机械工业出版社，2020.

其进行搜集、分类、加工、包装、搬运、储存等，然后分送到专门处理场所形成的物品流动活动。

## 二、绿色物流与制造业融合发展的举措

引导制造企业在产品设计、制造等环节充分考虑全生命周期物流跟踪管理，推动产品包装和物流器具绿色化、减量化、循环化。鼓励企业针对家用电器、电子产品、汽车等废旧物资构建线上线下融合的逆向物流服务平台和回收网络，促进资源循环利用以及逆向物流、再制造发展。支持具备条件的城市和制造、商贸企业开展逆向物流试点，探索符合我国国情的逆向物流发展模式。

# 第五节　国际物流与制造业融合发展

## 一、国际物流的概念和特点

### （一）国际物流的概念

国际物流是一种跨国界物流概念，就是发生在不同国家和地区间的物流活动。它按照国际物流惯例和标准，利用国际物流网络、物流设施和物流技术，以促进区域经济的发展和世界资源的优化配置。

国际物流的目标是为国际贸易和跨国经营服务，以最低的费用和最小的风险，保质、适时地将货物由一国的供方运到另一国的需方。

### （二）国际物流的特点

1. 物流环境存在较大差异

国际物流有一个非常重要的特点是环境差异，尤其是物流软环境方面的差异。不同国家、不同经济和科技发展水平使国际物流处于不同科技条

件的基础之上；不同国家的风俗人文差异也使国际物流受到一定的限制。

2. 物流系统范围广泛

物流本身的功能要素、系统与外界的沟通已相当复杂。这不仅是地域和空间的广阔，所需的时间也更长。国际物流的风险性主要包括政治风险、经济风险和自然风险。经济风险又可分为利率风险和外汇风险等。

3. 国际物流的标准化要求较高

要使国际物流畅通起来，统一标准是非常必要的。目前美国、欧洲基本实现了物流工具、设施的统一标准，集装箱采用几种统一规格及条码技术，降低了转运的难度。

4. 国际物流必须有国际化信息系统的支持

国际化信息系统是支持国际物流，尤其是国际联运的重要手段。目前因特网的迅速扩展、跨洲光缆的敷设都是国际化信息系统的重要进展①。由于世界各地信息基础设施发展水平严重不平衡，发展中国家信息化水平较低，信息使用水平极低，因而影响国际物流业务的发展。要扩大国际物流业务，应当重视克服各国信息应用水平的不均衡。在物流信息传递技术方面，应实现企业之间及与欧洲统一市场的标准化。

## 二、国际物流与制造业融合发展的举措

发挥国际物流协调保障机制、全国现代物流工作部际联席会议等作用，加强顶层设计，构建现代国际物流体系，保障进口货物进得来，出口货物出得去。

加强国际航空、海运、中欧班列等国际干线物流通道以及物流枢纽、制造业园区统筹布局和协同联动，支持外向型制造企业发展。支持制造企业利用中欧班列拓展“一带一路”沿线国家市场。加快培育与我国生产制造、货物贸易规模相适应的骨干海运企业和国际海运服务能力。围绕国际

① 张军，张晶，田睿．“一带一路”背景下国际物流对国际贸易的影响度研究［M］．北京：经济科学出版社，2019.

产能和装备制造合作重点领域，鼓励骨干制造企业与物流、快递企业合作开辟国际市场，培育一批具有全球采购、全球配送能力的国际供应链服务商。

发展面向集成电路、生物制药、高端电子消费产品、高端精密设备等高附加值制造业的全流程航空物流，促进“买全球”“卖全球”。支持邮政、快递企业与制造企业深度合作，打造安全可靠的国际国内生产型寄递物流体系。

## 第六节　应急物流与制造业融合发展

### 一、应急物流的概念和特点

#### （一）应急物流的概念

应急物流是针对突发性自然灾害、公共卫生事件、重大的事故灾难等突发性事件，以灾害损失、人员伤亡最小为目标，快速、安全、可靠、高效运作的一种特殊物流活动。

#### （二）应急物流的特点

应急物流活动是由突发事件的发生而衍生出来的一种特殊物流活动。应急物流活动的效率直接关系着人民的生命财产安全。应急物流是近二三十年才提出来的，除了具备常规物流的一般性特点以外，还具有突发性、非常规性、不确定性和弱经济性四个基本特征①。这四个特点是应急物流的本质特点，同时部分学者还认为应急物流具有“弱准备性”的特点。“弱准备性”是指通常情况下物资储备部门会存储一定数量的救生物品、粮食等应急物资以备在发生突发事件时快速调运，缓解燃眉之急。

---

① 侯汉平，杨建亮．属地应急物流管理［M］．北京：经济科学出版社，2019.

1. 突发性

应急物流是针对突发事件而产生的一种物资需求，突发性和不可预知性是其区别于常规物流最明显的特征。由于无法在较短的时间内准确地估计灾害影响程度、物品需求的数量等，因此，当危机突然暴发时，要求必须在最短的时间内做出正确、有效的应急反应，及时满足物资需求。

2. 不确定性

大多数突发事件是无法预测的，因此，当突发事件发生时，在短时间内人们很难准确地计算出事件持续的时间、受灾情况、人员数量、范围大小等，这些不确定的因素使得应急物流活动变得不确定，因而应急物流不可能像普通物流那样按照用户的订单或需求有效提供物品或服务。在应急物流活动中，任何情况都有可能发生，这可能会导致额外的应急物流需求，甚至可能会使应急物流的主要任务或目标发生明显变化。例如，在抗洪抢险救灾应急物流活动中，最初的应急活动是针对救生物品、食物等救生物资的需求；而当大范围疫情暴发时，应急物流的任务会发生根本性变化，变成了对医疗药品、防疫药品等救死扶伤物资的需求。

## 二、应急物流与制造业融合发展的举措

研究制定健全应急物流体系的实施方案，建立以企业为主体的应急物流队伍，在发生重大突发事件时确保主要制造产业链平稳运行。支持物流、快递企业和应急物资制造企业深度合作，研究制定应急保障预案，提高紧急情况下关键原辅料、产成品等调运效率。补齐医疗等应急物资储备设施短板，完善医疗等应急物资储备体系，提高实物储备和产能储备能力。

在工业园区等生产制造设施、物流枢纽等物流基础设施规划布局、功能设计中充分考虑产品生产、调运及原辅料供应保障等需要，确保紧急情况下物流通道畅通，增强相关制造产业链在受到外部冲击时的快速恢复能力。

# 第十章

# 物流业与制造业融合发展的政策环境保障

# 第一节　营造良好的市场环境

## 一、市场环境的定义

市场环境（market circumstances）是指影响企业的经济活动、产品生产和销售的一系列外部因素。这些因素与企业的市场营销活动密切相关。市场环境的变化，既可以给企业带来市场机会，也可能形成某种威胁。因此，对市场环境的调查，是企业开展经营活动的前提。

## 二、营造良好市场环境推动交通物流融合发展的实施方案——以青海省为例

### （一）充分认识交通物流融合发展的重要意义

现代物流业是重要的复合型服务业，是支撑国民经济发展的基础性、战略性产业，在我国经济社会发展中具有十分重要的地位。“十二五”以来，全国物流业快速发展，规模进一步扩大，服务能力显著增强，社会化、专业化程度不断提高，第三方物流比重逐年增加，为全国经济社会持续健康发展奠定了坚实的基础。交通运输是物流业发展的关键环节和重要载体，在物流链条中发挥着联结纽带作用，以交通枢纽带动大物流，以大物流推动产业发展、促进经济社会转型升级是交通物流融合发展的必由之路[①]。推进交通物流融合发展，对于加快我国产业结构调整、促进经济结构优化、转变经济发展方式、培育战略性新兴产业和新的经济增长点、增强我国经济实力和市场竞争力具有重要意义。

---

① 程晓华．制造业全面库存管理［M］．北京：北京理工大学出版社，2020.

**（二）总体要求**

1. 指导思想

全面贯彻党的十九大、十九届三中、四中、五中、六中全会精神，深入落实习近平总书记系列重要讲话精神，发挥市场主体作用，抓住关键环节，强化精准衔接，大力促进交通运输业与现代物流业融合。以满足经济社会物流发展需求为导向，以提高物流效率、降低物流成本、提升服务质量为核心，推动交通物流一体化、集装化、网络化、社会化、智能化发展，加快传统物流业向布局合理、技术先进、便捷高效、绿色环保、安全有序的现代物流业转型。

2. 发展目标

到 2018 年，交通与物流融合发展取得初步成效，“一单制”便捷运输制度初步建立，开放共享的交通物流体系初步形成，多式联运比率有所提升，标准化、集装化水平不断提高，互联网、大数据、云计算等应用不断扩大，公路港和智能配送模式逐步推广，运输效率进一步提升，物流成本有所下降。初步建成以西宁市、海东市、海西市为中心，打通连接我国西部省份乃至沿海经济发达地区与周边国家的物流快速通道。重点打造西宁市、海东市、格尔木市三大物流战略节点，将西宁市建设成为国家级物流节点城市，将海东市、格尔木市、德令哈市建设成省级物流节点城市。

到 2020 年，大力推进以供应链和价值链为核心的产业集聚发展，增强交通物流企业竞争力，物流业标准化、信息化、智能化、集约化水平显著提升，物流业与制造业、商贸业、金融业等其他产业融合发展，对经济发展的贡献显著增加。培育 1—2 家在区域具有一定竞争力的交通物流企业，建成设施一体衔接、信息互联互通、市场公平有序、运行安全高效的交通物流体系。

**（三）打通衔接一体的全链条交通物流体系**

1. 完善交通物流网络

完善枢纽集疏运系统。尽快打通连接主要枢纽的“最后一公里”，积极推进铁路引入公路货站和物流园区等工程。提高既有铁路线路利用水平，加强西宁市等重点城市国、省干线公路过境方案研究，强化城市道路与国、省干线公路有效衔接，提高过境货物运输车辆通城能力。鼓励城市充分利用骨干道路，分时段、分路段实施城市物流配送，有效减少货物装卸、转运、倒载次数。

2. 提高联运服务水平

大力发展第三方物流。鼓励交通物流企业利用既有优势整合内外资源，增强信息、交易、加工、配送、融资、担保等一体化综合服务能力，由从事简单的运输、仓储等单项活动向供应链集成服务转型，推动传统运输企业向现代物流企业转型升级。积极与名牌企业结盟，建立战略合作伙伴关系，借助品牌运营管理优势，壮大物流服务能力，快速发展成为专业化第三方物流企业。利用互联网、物联网等新技术、新模式，加快物流信息化建设，提高第三方物流创新发展能力，提升物流效率，降低物流成本。加快推进多式联运发展。支持新建铁路物流园区（货运枢纽）配套公路集散功能，强化对铁路最先和最后一公里的接驳和集散服务，构建干线运输和公路末端配送紧密衔接的全程组织链条。支持在符合条件的大型综合性物流园区内建设多式联运作业站场，鼓励铁路专用线向物流园区延伸，推进物流园区的改造升级，提高发展公铁联运基础设施衔接水平。大力发展以集装箱、半挂车为标准运载单元的公铁联运，提高集装箱运输比例，提高集装箱联运比例。积极申报多式联运示范工程，探索推行铁路驮背运输、公铁联运、公铁滚装运输等先进组织方式，推进铁路运输与公路运输融合发展。争取和支持铁路运输企业在沿海主要港口与青海省重要物流园区之间开行小编组、快运行的钟摆式、循环式等铁路集装箱列车。

3. 优化一体化服务流程

推行物流全程“一单制”。推进单证票据标准化，以整箱、整车等标准化货物单元为重点，推行企业互认的单证标准，形成绿色畅行物流单。落实国家有关电子赋码制度、绿色畅行物流单实施方案等，推广“一单制”，实现一站托运、一次收费、一单到底，加强与“一单制”便捷运输制度对接。

强化一体化服务保障。贯彻落实企业首站负责、安全互认、费用清算等相关制度。建立政府服务、企业管理、第三方监督的保障体系，确保企业对用户需求及时响应和反馈。从简办理公路货物运输企业和其运营车辆的相关手续，逐步推行网上办理。快递等物流企业总部统一申请获得的资质，其非法人分支机构可通过备案获得①。规范城市配送运力投放和通行便利措施。完善重点物流运输企业大宗工业品公路通行费减免优惠办法。

**（四）构建资源共享的交通物流平台**

1. 建设完善专业化经营平台

支持社会资本有序建设综合运输信息、物流资源交易、大宗商品交易服务等专业化经营平台，提供信息发布、线路优化、仓配管理、追踪溯源、数据分析、信用评价、客户咨询等服务。鼓励平台企业拓展社会服务功能，推进“平台+”物流交易、供应链、跨境电商等合作模式。支持平台企业与金融机构合作提供担保结算、金融保险等服务。以服务“丝绸之路经济带”战略为导向，推动跨境交通物流及贸易平台的衔接。

2. 构建信息共享服务平台

按照国家交通运输物流公共信息平台建设总体要求，依托正在建设的青海省交通运输物流公共信息平台，逐步实现交通运输和物流信息共享。建立集物流信息发布、在线交易、数据交换、车辆跟踪交换、跟踪追溯、智能分析等功能为一体的物流信息网络平台。加强综合运输信息、物流资源交易和大宗商品交易等平台建设，形成跨行业共享信息的智能物流信息公共服务平台。鼓励省级重点物流企业搭建面向中小物流企业的物流信息服务平台，促进货源、车源和物流服务等信息的高效匹配，有效降低运输工具空驶率。搭建铁路、公路、航空等运输服务企业与物流企业沟通平台，实现各得其所、绿色畅行，有效降低物流成本。

3. 加强对各类平台的监督管理

强化平台协同运作。建立青海省范围的数据合作、交换和共享机制。加大对各类交通物流服务平台的引导，促进企业线上线下多点互动运行，支持制造业物流服务平台与供应链上下游企业间信息标准统一和系统对接，强化协同运作，促进相关平台之间的互联互通和信息共享。加强物流

① 王卓明．现代物流业趋势演变与系统重构［M］．北京：中国言实出版社，2018.

服务机构的监管，明确责任，规范管理。建立和完善危险品物流全过程监管体系和应急救援系统，完善冷链运输服务规范，实现全程不断链。整合共享信用信息。依托青海省信用信息系统，加强各类平台信用记录归集，加大物流信用服务机构的培育力度，加快形成覆盖物流业所有法人单位和个体经营者的信用信息档案。根据信用评价实行分类监管，建立实施“红黑名单”制度和预警警示企业、惩戒失信企业、淘汰严重失信企业的机制。充分利用无线射频、卫星导航等技术手段，开展重点领域全程监管。

**（五）创建协同联动的交通物流新模式**

1. 推广集装化标准化运输模式

提升标准化、专业化水平。加强现行国家、行业及地方有关运输装备标准的宣传贯彻执行。鼓励和支持企业加快运力装备更新，大力推进货运车型标准化。鼓励发展集装箱、厢式、冷藏、散装、液罐等专用运输车辆，推动城市配送标准车型车辆的推广与普及。完善准入制度，健全市场退出机制，加快淘汰老旧及高耗能、高排放营运车辆。鼓励和引导企业大力推广应用节能环保、新能源车辆及装备，探索推进轻量化挂车的运用。积极推进把货运节能减排纳入低碳交通运输体系建设试点。探索建立运输装备能效标识制度。

加大运输设备集装化、标准化推广力度。落实国家有关集装化、标准化、模块化货运车辆等设施设备更新应用的支持政策，推广使用托盘、集装箱等标准化基础装载单元。推进多式联运专用运输装备标准化，积极推广公铁两用挂车、驮背运输平车、半挂车。推广铁路快运车辆、新型集装箱平车、双层集装箱车及特需车辆，提高公路集装箱货车、厢式货车使用比率。支持应用大型化、自动化、专业化、集约环保型转运和换装设施设备。培育集装箱、托盘等经营企业，鼓励企业构建高效的跨区域调配系统，推进相关设施设备循环共用。

2. 发展广泛覆盖的智能物流配送

支持农村物流发展。大力推广典型地市农村物流发展经验，继续加快农村物流在青海省内试点，在基础设施、信息化建设和运输装备更新等方面给予支持，择优申报国家农村物流试点示范工程。鼓励各地因地制宜探索农村物流发展模式，推进交通运输与商务、供销、邮政等行业的资源整合。鼓励和支持农村物流企业在站点网络建设中加强与农村农商快递物流网络、等级货运站和四、五级客运站联合共建。依托青海省客运网络，积极发展客运班车小件快运服务，打造青海省班车物流和货运公交网络。依托农村公路客货运站场，构建农村公共物流信息服务平台，打通农资、消费品下乡和农产品进城高效便捷通道。扶持培育一批农村物流骨干企业，引导整合利用社会资源。

推进城市配送发展。贯彻落实《交通运输部、公安部、商务部关于加强城市配送运输与车辆通行管理工作的通知》，推动重点城市交通运输主管部门会同有关部门，联合制定城市配送运输与车辆通行管理办法和本地城市物流配送车辆技术标准。推动重点城市编制城市配送发展规划，优化城市物流基础设施布局，加快城市货运配送综合信息服务平台建设。鼓励商贸流通企业、生产制造企业和货运配送企业发展多种形式的统一配送、共同配送和夜间配送。

**（六）营造交通物流融合发展的良好市场环境**

1. 统筹规划建设

各地区、各部门和有关企业要紧紧围绕青海省交通和现代物流业发展总体布局，结合本地区交通物流业发展特点和各自实际，加强规划研究，将现代物流业发展纳入土地利用总体规划、城乡规划、交通运输规划及其他有关规划，通过规划引导交通物流业发展方向和布局，全力促进交通物流融合发展。

2. 创新体制机制

加快推进物流管理体制改革，健全完善现代物流省际联席会议制度，建立部署科学、分工明确、权责统一、协调高效的物流管理体系。鼓励铁路运输企业积极向现代物流企业转型，开放各类信息和接口，提高多式联运服务能力。建立公平透明的市场准入标准，清理、归并和精简物流领域各类行政审批和许可项目。建立海关、边检、检验检疫等口岸管理部门联合查验机制，促进一体化通关。加快出台大件运输跨省联合审批办法，形成综合协调和互联互认机制。

3. 加大政策支持

按照国家界定交通物流公益设施的标准，国土资源部门要明确交通物流公益设施的范围，加大用地支持，在建设用地指标等方面给予保障。按照青海省物流业“十三五”规划，实现省、市（州）、县（市、区、行委）现代物流阶梯发展。实行注册资本认缴登记制度，放宽注册登记条件。切实落实价格和税费政策，物流业用水、用气价格与一般工业同价。促进物流业发展的税改政策落实到位，确保税收政策对物流业发展的支持。支持青海省内物流企业围绕运输、仓储、包装、配送、装卸等物流全流程实施物流信息化应用示范项目。

4. 加大投入力度

利用财政性资金和专项建设基金，鼓励和引导社会投资，支持综合交通物流枢纽建设、标准设备生产推广和绿色包装、公共服务信息平台建设等。加大信贷投放，创新金融配套产品服务，提高金融服务水平。扩大对中小物流企业的担保规模，降低担保费率。鼓励股权融资、债券融资等直接融资方式，多渠道增加对物流业的投入。推进现代物流产业基金试点，鼓励社会资本投资发展现代物流业。

5. 强化衔接协调

充分发挥省现代物流发展领导小组办公室和现代物流省际联席会议协调作用，促进政府、企业、中介组织、行业协会等信息公开与共享。各地区、各部门和有关企业按照全省物流发展规划和布局，兼顾近期与长远发展、硬件建设与软件管理相结合，防止盲目重复建设，营造分工明确、各司其职、优势互补、梯级发展的良好氛围。行业协会等组织要更好发挥在政企沟通、信息收集、技术应用、标准推广、人才培训等方面的积极作用。

6. 注重人才培养

充分发挥青海省内现有交通、商贸等专业院校教育资源，强化职业技能教育，支持省属大专院校开办交通物流专业相关课程。支持校企合作，鼓励高等院校与大型物流企业联合建立物流综合培训和试验基地，开展从业人员素质教育和专项培训。推动建设由龙头物流企业、高校和科研机构组成的物流协同创新平台，开展产学研一体化示范及应用。吸引海内外高级物流人才来青海省创业、发展，鼓励物流企业引进国内外优秀物流专业人才。

## 第二节 加大政策支持力度

### 一、物流业与制造业融合发展政策支持与引导

#### （一）以现有物流业与制造业一体化为突破口，制定相关税收等政策引导融合发展

对承接制造业一体化物流业务的物流企业，根据《关于试点物流企业有关税收政策问题的通知》（国税发〔2005〕208 号）的精神，符合条件的优先推荐为试点企业，有资金需求的择优推荐给有关的银行提供政策性的贷款支持。物流企业承接或租赁制造企业剥离的物流设施，在各地土地上要给予必要的支持。省市要根据实际情况，安排财政资金支持“两业融合”。对属于《产业结构调整指导目录（2019 年本）》中鼓励类的项目，在规定范围内免征进口关税。积极为制造企业和物流企业搭建沟通对接的平台，有计划组织中高级物流管理人才采取走出去、请进来等多种方式进行制造业交流和人才培训，促进人才的成长。

#### （二）以现有社会资源为基础，构建物流设施融合平台

按照充分利用和有效整合制造企业和物流企业现有物流资源的原则，充分发挥现有基础设施的作用，集中制造企业、物流企业和社会的力量，共同构建一个有助于“两业”持久发展的物流基础设施融合平台。长、株、潭三地政府应联合起来，注重顶端设计，在规划建设工业园区、经济开发区、出口加工区、高新技术产业园区等制造业集聚区时就积极统筹集聚区内的物流服务体系，严格控制区内制造企业自营物流用地，统一规划

建设综合物流园区和专业物流中心，倡导集聚区内物流基础设施资源互动、资源共享、资源共建，最终形成布局合理、竞争力强、功能完备的制造业物流网络，提升制造业物流配套服务能力，促进物流业与制造业融合发展、同步发展。

**（三）重视物流技术研发，提升物流业为制造业服务的能力和水平**

物流技术的提升，需要制造企业和物流企业建立物流战略联盟，重点搭建物流技术研发平台，共同开展物流技术研发工作，提高物流业在制造业物流领域的运作技能，进一步满足制造企业的物流需求。同时，各地方政府、物流研究机构及关联企业要积极开展物流技术交流会，在实践中总结物流经验，大力推广新的物流技术成果，推进“两业”技术融合①。另外，还应有针对性地开展重大装备制造业在物流与供应链集成领域、运输领域、装卸领域、应用计算机仿真技术领域的综合研究与应用开发，实现“两业”融合在重点领域取得新的突破。

**（四）着力引进有经验的物流人才，重视复合型物流人才的培养**

制造业物流发展所需的人才是兼顾物流技术与制造技术的复合型物流人才。人才的培养需要结合制造业物流特点——一方面，采取重金引进、委托共享、借用共享、跨行共享、项目式共享等多种形式实现制造企业和物流企业人才的引进和共享；另一方面，整合制造企业、物流企业、高等院校、专业研究机构、职业技术培训组织、国内外物流专业咨询机构的教育培训资源，实施多层次、多方式的制造业物流管理与工程人才培养工程。

## 二、关于推进制造业与物流业融合发展的政策支持建议

制造业是我国国民经济的支柱产业，也是物流社会化的需求基础。物流业是重要的生产性服务业，对于促进制造业结构调整和产业升级具有重

① 沈易娟，杨凯，王艳艳．电子商务与现代物流［M］．上海：上海交通大学出版社，2020.

要作用。推进制造业与物流业融合发展，不仅是提升制造业核心竞争力的重要手段，也是促进物流业发展的基本途径。国务院《物流业调整和振兴规划》，提出了“积极扩大物流市场需求”和“大力推进物流服务的社会化和专业化”的主要任务，并把“制造业与物流业融合发展”列为九项重点工程之一。推进“两业”融合，要靠企业市场化运作，也需要相关政策支持。现将我们在调研中了解到的相关问题及政策建议报告如下。

**（一）把“两业”融合作为推进制造业产业升级的重点工程**

近年来，我国制造业和物流业发展较快，但两者融合相对滞后。一方面，制造企业沿袭“大而全”“小而全”运作模式，内部资源缺乏有效整合，物流外包多有顾虑；另一方面，物流企业总体上“小、散、差、弱”，一体化服务的能力还不强。由于物流的社会化需求不足和专业化服务能力不够，缺乏必要的物流服务市场体系与政策环境，“两业”融合进展缓慢，导致物流资源利用率偏低，运作成本相对较高。

建议：相关企业和政府主管部门，要充分认识“两业”融合的重要性，切实把“两业”融合作为启动物流需求、推进制造业升级的重点工程。要在发挥市场机制作用、调动企业积极性的基础上，积极营造有利于“两业”融合发展的政策环境。可以考虑，首先在列入调整和振兴规划的钢铁、汽车、造船、石化、轻工、纺织、有色金属、装备制造、电子信息九个产业中，积极推进“两业”融合。要通过政策手段，鼓励制造企业转变传统观念，改造业务流程，分离外包物流业务；要有具体措施，支持物流企业采用现代物流理念，提升服务水平，提高适应制造企业需要的一体化服务能力；要引导制造企业与物流企业信息沟通，标准对接，业务融合，结成战略合作伙伴关系，共享“两业”融合发展的成果。

**（二）加快推进制造企业物流服务社会化**

总体上来看，我国制造业物流社会化程度偏低、自营比例较大。大量的物流需求分散在企业内部的各个部门，得不到集成整合，降低了资源使用效率。

建议：大中型制造企业特别是国有或国有控股的大型制造企业，它们物流需求量大，专业化程度高，应该作为物流服务社会化的重点。要鼓励制造企业突破“大而全”“小而全”观念束缚，整合优化业务流程，分离、分立物流资产和业务，创新物流管理模式。要鼓励制造企业调整优化物流业务管理机构，制定原材料采购、生产、销售等环节或整体的物流整合、分离、外包方案及推进措施。要积极创造条件，引导制造企业根据自身需要，将能够整合外包的物流业务外包给专业物流企业。

**（三）大力支持物流企业增强一体化服务能力**

近年来，我国物流企业取得快速发展，产业规模不断扩大，但满足制造企业需要的专业服务能力还不强。在运输和仓储等传统服务领域，产品和服务同质化倾向严重，粗放式经营、低水平竞争愈演愈烈；而制造企业急需的增值服务、一体化服务，特别是在物流方案设计以及供应链全程服务等方面的能力严重不足。

建议：要鼓励现有运输、仓储、货运代理、联合运输、快递等有关企业，进行功能整合和业务延伸，加快向现代物流转型；提倡条件成熟的制造企业内部物流机构，进行社会化重组改造，开展面向社会的物流服务；支持制造企业和物流企业通过参股、控股、兼并、联合、合资、合作等多种形式进行资产重组，联合组建第三方物流企业；鼓励大型物流企业做强做大，中小物流企业做专做精，发展各类企业在专业化分工基础上的联合协作。要鼓励物流企业深入了解制造企业物流和供应链运作模式，提供定制化服务；要引导物流企业按照集成整合、便捷高效、服务增值、绿色环保的原则，不断提升一体化服务能力，实现从传统运输、仓储服务向现代物流服务提供商、供应链集成商的转变。

**（四）整合提升制造业集聚区物流功能**

目前，制造业集聚的趋势发展很快，由此带来物流需求的大量集聚。如何按照社会化的思路，形成物流供给集聚、需求对接，整合提升制造业集聚区物流功能，是“两业”融合的重要课题。

建议：要积极引导工业园区、经济开发区、出口加工区、高新技术产业园区等制造业集聚区释放和集聚物流需求。要统筹规划制造业集聚区的物流服务体系，倡导集聚区内物流基础设施、物流信息平台共享共用，严格控制区内制造企业自营物流用地①。鼓励区内制造企业与专业物流企业建立物流业务托管机制，凡能够集成整合、委托外包的物流资产和业务，都要实行社会化运作。生产服务型物流园区要面向周边制造企业，充分发挥园区布局集中、用地节约、功能集成、经营集约等优势，提高为制造业服务的能力和水平。

### （五）构建物流服务市场体系和公共信息平台

调研显示，许多地区缺乏必要的专业物流市场，公共信息平台建设滞后，“信息孤岛”、信息不对称现象比较严重。一方面，许多物流企业在运输和仓储等普通物流服务领域低价竞争；另一方面，制造企业在专业服务领域又找不到合适的合作伙伴。“两业”融合急需相应的平台和桥梁。

建议：要充分利用电子商务平台信息资源整合功能，促进物流服务统一大市场的建设和发展。要建立区域性物流资源交易市场，把运输、仓储、配送、加工和联合采购、咨询服务、供应链管理等外包服务纳入市场交易。要注重各类专业物流市场，物流市场与相关要素市场，以及物流服务交易网络与政府监管信息网络的对接。要根据需要，组织形式多样的物流供需见面会、洽谈会，为制造业物流供需衔接创造机会和条件。要研究制定物流市场运作的法律法规，加强行业自律。要打破地区封锁和地方保护等行政性垄断，逐步建立统一开放、竞争有序、覆盖全国的物流服务市场，促进物流资源规范、有序、高效流动。

### （六）鼓励物流企业托管置换制造企业物流要素

制造企业特别是国有和国有控股企业，一般都有自己的物流管理机构、设施和人员。在推进物流社会化的进程中，这些物流要素缺乏通畅的退出机制，已成为“两业”融合的一大障碍。

建议：要鼓励物流企业托管置换制造企业物流要素。对制造企业将闲置物流设施进行出租的，可减征或免征租赁收入的营业税。物流企业在承接国有大中型制造企业剥离的物流设施时，应在土地置换和税收等方面予

① 车国富，伍林．现代物流业标准水平评估及政策研究［M］．昆明：云南大学出版社，2018.

以鼓励。对物流企业租赁制造企业的仓储等闲置物流设施，允许将租赁支出一次性计入费用，降低物流企业所得税税基等。对物流企业接受原制造企业物流分流人员，或分流人员创办物流企业，应在项目审批、资金补助、税收、贷款贴息等方面给予政策支持。

**（七）促进制造业与物流业信息共享、标准对接**

信息共享、标准对接，是促进物流社会化的重要保障。现在的问题是，制造企业和物流企业的信息系统不能互联互通，信息资源不能有效交换与共享。制造业的原材料或产成品的标准与物流业的技术设施标准缺乏有效衔接，影响了物流的运作效率。

建议：鼓励制造企业在企业物流管理流程规范化、核算精细化的基础上，积极推进物流管理标准化和信息化进程。支持制造企业、物流企业建立面向上下游客户的信息服务平台，实现数据实时采集和对接，并建立物流信息共享机制。加大对公共信息平台服务企业的扶植和奖励力度。建立和完善制造业物流标准体系，鼓励制造企业采用物流业相关运作标准，制定物流信息、物流服务流程、工具器具和技术装备等领域的标准和规范。鼓励融合发展的制造企业和物流企业主动采用国家物流标准，充分发挥行业协会和龙头企业在制定和宣贯标准中的重要作用。

**（八）建立分行业的物流运行评价体系**

由于行业特殊性，每一细分制造行业的物流需求都有不同特点，物流运作方式也各不相同。目前，我国仍然缺乏分行业的物流运行评价体系，企业之间不能相互比较物流运作成本和服务水平，不能判定企业物流运作绩效在行业中的位置和努力目标，不利于调动制造企业物流改造的积极性。

建议：首先选择列入国家调整和振兴规划的九大行业，对分行业的物流运行评价体系进行深入研究，建立相应的物流成本和服务水平考核绩效指标体系。选择不同规模和层次的制造企业和为其提供服务的物流企业，定期分析物流成本和服务水平的基本情况。政府部门要委托行业协会，建立分行业的物流运作评价分析制度，向社会定期发布相关信息。政府有关部门应该从资金和政策方面给予支持。

## 第三节　创新金融支持方式

### 一、金融对物流发展的作用

金融对物流的监督机制与激励机制相辅相成。金融体系在要求企业完善内部核算机制的同时，应激励物流业不断创新企业内部运行机制，通过减少库存和物资占压等手段，加速企业资金周转，降低占压资金成本，从而提高企业的财务管理水平，增强市场竞争力。

物流界人士长期专心致力于物流领域这一本职工作，但如果忽视金融的独特支持作用，将会严重影响物流业的生存与壮大。这种忽视可以在许多方面得以反映：从生产经营者来看，忽视生产与金融的关系，不重视生产成本与生产质量，造成库存积压，物资周转率较低，资金大量投入与浪费；从经营管理者来看，忽视管理与金融的关系，对物质损耗与资金充分利用重视不够，忽视金融不畅对产供销活动的制约和阻碍作用，不能主动利用资金市场加强企业内部资金核算；从决策者来看，大多重视物流决策而忽视金融决策，重视物流的网络化而忽视金融的网络化，重视生产过程的质量提高而忽视金融资产质量的提高，淡化金融对物流的巨大支持作用。这些作用表现在以下几个方面。

**（一）金融的发展对物流的保障作用**

要实现现代物流快捷、方便、灵活的要求，离开金融资金的服务是不可能的。如果没有金融资本市场的聚集，现代物流体系就不可能建立；如果没有金融工具的运用，现代物流结算就不可能实现；如果没有金融渠道的畅通，现代物流渠道就会被堵塞；如果没有金融安全的保证，现代物流的即时性就会被延缓①。只有金融市场高效分配资金资源，才能为物流基础设施提供更多资金来源；只有金融渠道畅通无阻，才能保障物流过程中产供销的进一步循环；只有金融网络安全，才能使需求者既能网上订货，也能网上结算，现代化的工具才能被广泛应用于物流的整个流程。

### （二）金融对物流的支持作用

现代金融对物流的支持作用表现在资金支持、结算支持、个性化服务支持等方面。从宏观上看，由于物流是从生产者到最终市场一体化的物流，包括供货、生产与加工、仓储装卸、配送及最终送至需货方手中的整个过程。因此，物流对全国范围内的基础设施投入要求极高。单个企业组建的物流基础投入难以形成规模经济，必然需要政府和财政的大量资金支持。从微观上看，金融对物流的支持主要体现在结算手段和服务方面。现代物流的发展朝着满足不同批量、不同规格、不同地区的需求为发展方向。当顾客的需求是来自全国范围乃至世界范围时，金融的相应服务也就随之延伸到全国乃至世界范围。如果没有金融结算及资金划转等服务措施的配套，物流企业的成本就会扩大，更多中小企业就会对物流望而止步，更多大型物流企业会对订单较小、运送距离较远、对运输要求较多的产品失去兴趣，物流的灵活性、多样化、个性化的发展优势就会丧失。而对于客户而言，如果采取网上订单却不得不离线支付，这种物流就是失败的物流。

### （三）金融对物流的监督作用

良好高效的金融市场应该是成本低廉、资金透明度高、管理规范、运行稳健的市场。要实现资金的高效运作，必须实现资金“安全”。为了保证资金安全，银行必须加大对金融资金运作的监管，防范企业风险，监督企业加强内部核算，科学而合理地组织资金资源的分配与使用。这种监督体现在物流的筹资过程中，企业应有效利用货币市场和资本市场筹集资本，合理安排资金组织货源和生产；在经营管理过程中，应加强内部核算，突出成本与效率的关系，降低物流材料耗费及库存配送物资占压时

---

① 戴小红，吕希．跨境电商物流实务［M］．杭州：浙江大学出版社，2020.

间；在销售环节中，应加快资金回笼，减少销售资金占压款或应收账款，实现“零”资金运营的科学营销。

## 二、物流发展对金融创新的推动作用

### （一）物流发展推动金融工具创新

物流发展要求资金流的协调发展，由此推动了网络银行以及电子化结算手段的发展，它是金融电子化最新发展的产物，作为网络上的虚拟银行，用户可以不受时空限制享受全天的网上金融服务。首先，网络银行改变了传统银行经营理念；其次，网络银行改变了传统银行的营销方式和经营战略，它能够充分利用网络与客户进行沟通，来满足每个客户不同的金融和财务需求；再次，网络银行使银行的竞争格局发生变化——网络银行的全球化服务，使金融市场全球开放，银行业的竞争不再是传统的同业竞争、国内竞争、服务质量和价格竞争，而是金融业与非金融业、国内与国外、网上银行与网络银行等多元竞争格局。

### （二）物流发展推动金融制度创新

由物流发展推动的网络金融使得银行业、证券业、信托业和保险业等金融服务业务综合化发展的趋势也在不断加强，传统金融服务领域的界限逐渐趋于模糊，证券、银行、保险三者之间的业务出现相互渗透的趋势。所谓金融制度的创新指的是关于资金融通的体系或系统的创新，它主要包括作为宏观调控的中央银行制度和作为基础结构的微观组织安排等方面的创新，具体体现就是制度的融合化趋势。

### （三）物流发展推动金融监管创新

随着物流业的发展，对高效、准确、安全的“资金流”产生了巨大需求，这就对金融业提出了新要求，促进金融创新。金融创新又加大了金融业的风险与动荡，势必推动金融监管的创新。金融监管与金融创新是一个互动的过程，它们的动态变化使得金融制度得以调整和变革。金融管制虽然在一定程度上稳定了金融秩序，促进了经济的持续发展，但随着经济形势的发展和金融环境的变迁，传统的金融管制体制面临多方面的挑战。例如，电子货币和网络银行业务的开展对中国金融监管的内容和方法提出了挑战。网络银行以其方便、快捷、超时空等特点，通过计算机网络，可以在瞬间将巨额资金从地球的一端传到另一端。大量资金突发性的转移会加剧金融市场的波动，而网络快速传递的特性会使波动迅速蔓延。由于网络银行的整个交易过程几乎可以在网上完成，金融交易的"虚拟化"银行业务摆脱了时间和地域的限制，交易对象也变得难以明确，过程更加不透明。

电子货币的发行和流通也对央行货币供给调控能力提出了质疑。专家提出，第一，应由金融监管部门统一规划管理电子货币与网络银行，并建立一套相应的法律法规，明确消费者、商家、银行和清算机构的权利和义务，在发展电子货币的同时建立起对其发行、流量作统计的监控体系。将认证中心网络银行业务方式列入金融机构管理范围，建立专门的网络银行准入制度，制定网络安全标准，建立安全认证体系等。第二，金触监管应不断加强。随着金融管制的放松，金融体系的效率提高，金融创新活跃，金融机构的经营风险却在加大。因此，在行政式的直接金融管制放松的同时，以风险控制为主要内容的金融监管应不断加强。

**（四）物流发展推动金融组织创新**

物流在实现即时、高效的多供应链服务的同时，伴随着"资金流"。"资金流"与高效物流的匹配需求，促进了对传统金融机构组织结构的创新①。对金融机构组织结构创新的研究包括对产权结构和外部组织结构的分析，前者与金融机构的决策、动力和行为方式息息相关，后者与金融机构的合理配置、金融体系的运行成本、效率息息相关。而网络经济的发展也使得金融服务领域在组织结构上呈现出两大发展趋势。一是传统的金融服务领域出现大规模的并购浪潮，通过并购不仅可以扩大规模，增强竞争优势，而且可以低成本地实现向混业经营的演变。金融业并购的一大特点是强强合作、混业联合，其目的都是为了适应网络经济时代的要求，最大

① 郑维明．数字化制造生产线规划与工厂物流仿真［M］．北京：机械工业出版社，2020.

限度地降低交易成本，提高规模经济效益。二是非金融企业借助网络技术利用成本优势向金融服务领域渗透，高新技术网络公司利用成熟的网络技术和低廉的费用优势广泛吸收客户开展金融服务，触角已涉及银行、证券、保险等金融领域。其初始规模虽然较小，但凭借网络利器仍在与传统金融企业争夺市场份额。目前，在国外已经出现了传统金融企业与新兴技术网络公司广泛合作、协同发展的趋势，金融企业与非金融企业共同向社会提供高水平、低成本金融服务的时代已经来临。

# 参考文献


[1] 高秀丽. 物流业与区域经济协调发展研究 [M]. 北京: 中国经济出版社, 2019.

[2] 李蕾. 制造业升级与经济增长 [M]. 北京: 经济管理出版社, 2020.

[3] 唐晓华. 我国先进制造业发展战略研究 [M]. 北京: 经济科学出版社, 2020.

[4] 李松庆. 制造业与物流业的联动发展研究 [M]. 北京: 经济科学出版社, 2018.

[5] 弓宪文. 物流业与制造业的产业融合及协调发展 [M]. 北京: 光明日报出版社, 2021.

[6] 张艳. 中国制造业与物流业联动关系区域差异研究 [M]. 北京: 中国经济出版社, 2017.

[7] 张喜才. 物流产业链管理 [M]. 北京: 中国商业出版社, 2018.

[8] 梁红艳. 中国物流业发展动力机制与路径选择 [M]. 北京: 社会科学文献出版社, 2018.

[9] 刘明. 区域物流协调发展研究 [M]. 北京: 中国社会科学出版社, 2021.

[10] 尉迟群丽, 王能民, 何正文. 再制造集成物流网络优化 [M]. 北京: 清华大学出版社, 2020.

[11] 毛海军. 江苏物流创新典型案例 [M]. 南京: 东南大学出版社, 2019.

[12] 刘伟华．智慧物流生态链系统形成机理与组织模式［M］．北京：中国财富出版社，2021.

[13] 骆温平．制造业与物流业联动的物流服务创新研究［M］．北京：经济科学出版社，2019.

[14] 王卓明．现代物流业趋势演变与系统重构［M］．北京：中国言实出版社，2018.

[15] 马朋飞．物流业与制造业产业关联研究［J］．物流技术，2020（3）：55—59.

[16] 李原．制造业迈向新时代［J］．中国企业家，2020（1）：77—78.

[17] 肖海彬．制造业“智能化”加速［J］．商品与质量，2020（18）：6.

[18] 王玉．“物流+制造”深度融合创新发展［J］．物流技术与应用，2021（5）：98—99.

[19] 刘琼．制造企业智慧物流技术研究［J］．物流科技，2021（3）：44—45.

[20] 彭勃，王晓慧．物流成本量化管理研究［M］．上海：上海交通大学出版社，2019.

[21] 祖林怀，海涛．重新定义制造［M］．北京：中国商业出版社，2019.

[22] 郑树泉，王倩，武智霞，徐侃．工业智能技术与应用［M］．上海：上海科学技术出版社，2019.

[23] 孙晓波．供应链网络嵌入第三方物流与制造企业发展战略［M］．北京：中国经济出版社，2021.

[24] 张泽群，朱海华，唐敦兵．工业智能与工业大数据系列：基于物联技术的多智能体制造系统［M］．北京：电子工业出版社，2021.

[25] 金阳．民族地区制造业集聚问题研究［M］．北京：经济科学出版社，2020.

[26] 程晓华．制造业全面库存管理［M］．北京：北京理工大学出版

社，2020.

［27］孙晓波．供应链网络嵌入：第三方物流与制造企业发展战略［M］．北京：中国经济出版社，2021.

［28］程晓华．制造业全面库存管理［M］．北京：北京理工大学出版社，2020.

［29］孙延明，宋丹霞，张延平．工业互联网：企业变革引擎［M］．北京：机械工业出版社，2021.

［30］豆大帷．新制造“智能+”赋能制造业转型升级［M］．北京：中国经济出版社，2019.

［31］邹娟平，胡月阳，李艳．基于物联网技术的现代物流管理研究［M］．青岛：中国海洋大学出版社，2019.

［32］北京科捷智云技术服务有限公司．人机共舞：大数据和人工智能在物流领域的应用［M］．北京：机械工业出版社，2019.

［33］潘斌．物流业市场结构对中国工业发展的影响［M］．北京：经济管理出版社，2019.

［34］王喜富，崔忠付．智慧物流与供应链信息平台［M］．北京：中国财富出版社，2019.

［35］王先庆．新物流 新零售时代的供应链变革与机遇［M］．北京：中国经济出版社，2019.

［36］施先亮．智慧物流与现代供应链［M］．北京：机械工业出版社，2020.

［37］张军，张晶，田睿．“一带一路”背景下国际物流对国际贸易的影响度研究［M］．北京：经济科学出版社，2019.

［38］侯汉平，杨建亮．属地应急物流管理［M］．北京：经济科学出版社，2019.

［39］王卓明．现代物流业趋势演变与系统重构［M］．北京：中国言实出版社，2018.

［40］沈易娟，杨凯，王艳艳．电子商务与现代物流［M］．上海：上海交通大学出版社，2020.

[41] 车国富，伍林．现代物流业标准水平评估及政策研究［M］．昆明：云南大学出版社，2018.

[42] 戴小红，吕希．跨境电商物流实务［M］．杭州：浙江大学出版社，2020.

[43] 郑维明．数字化制造生产线规划与工厂物流仿真［M］．北京：机械工业出版社，2020.